El
CONOCIMIENTO
DEL DIOS SANTO

T_{OZE}R A.W.

Vida
DEDICADOS A LA EXCELENCIA

La misión de Editorial Vida es proporcionar los recursos necesarios a fin de alcanzar a las personas para Jesucristo y ayudarlas a crecer en su fe.

ISBN 0-8297-0466-3

Categoría: Vida cristiana

Este libro fue publicado en inglés con el título
The Knowledge of the Holy
por HarperCollins Publishers

© 1961 por A.W. Tozer

Traducido por Andrés Carrodeguas

Edición en idioma español
© 1996 EDITORIAL VIDA
Deerfield, Florida 33442-8134

Reservados todos los derechos

Cubierta diseñada por John Coté

Impreso en los Estados Unidos de América
Printed in the United States of America

HB 01.18.2024

Índice

Prefacio

La religión genuina confronta la tierra con el cielo y hace que la eternidad alumbre al tiempo. El mensajero de Cristo, aunque habla lo que Dios le ha dado, también debe, como solían decir los cuáqueros, "hablar a la situación" de sus oyentes; de no hacerlo, estaría hablando un lenguaje conocido sólo por él mismo. Su mensaje no sólo debe ser eterno; también debe ser oportuno. Le debe hablar a su propia generación.

El mensaje de este libro no procede de nuestros tiempos, pero es adecuado para ellos. Ha sido puesto en acción por una situación que ha existido en la Iglesia por años, y que está empeorando de manera continua. Me refiero a la pérdida del concepto de majestad en la mente religiosa popular. La Iglesia ha abandonado su elevado concepto de Dios. Esto no se ha hecho de manera deliberada, sino poco a poco, y sin conocimiento de la Iglesia, y el hecho mismo de que no esté consciente de lo que está pasando, sólo sirve para hacer más trágica aún su situación.

El pobre concepto de Dios que prevalece entre los cristianos de una manera casi universal es la causa de un centenar de males entre nosotros, dondequiera que estemos. Una nueva filosofía de la vida cristiana ha sido la consecuencia de este error fundamental en nuestro pensar religioso.

Con nuestra pérdida del sentido de majestad ha llegado una pérdida mayor del temor reverencial religioso y del reconocimiento de la Presencia divina. Hemos perdido nuestro espíritu de adoración. El cristianismo moderno no está produciendo el tipo de cristiano que pueda apreciar o experimentar la vida en el Espíritu. Las palabras "Estad quietos, y conoced que yo soy Dios" no significan nada en la práctica para el adorador bullicioso y confiado en sí mismo de este siglo veinte.

Esta pérdida del concepto de majestad ha llegado en el momento en que las fuerzas de la religión están logrando un fuerte avance y las iglesias están más prósperas que en ningún otro momento en unos cuantos siglos. Lo alarmante es que nuestros éxitos son externos en su mayoría y nuestras pérdidas totalmente internas; y puesto que es la *calidad* de nuestra religión la afectada por las condiciones internas, bien podría ser que nuestros supuestos éxitos no sean más que pérdidas.

La única forma de recuperarnos de nuestras pérdidas espirituales es regresar a la causa de ellas y hacer las correcciones que exija la verdad. La falta de conocimiento del Santo es lo que nos ha traído nuestros problemas. El redescubrimiento de la majestad de Dios logrará grandes cosas en cuanto a la solución de esos problemas. Nos será imposible mantener sanas nuestras prácticas morales, y rectas nuestras actitudes mientras nuestra idea de Dios sea errónea o inadecuada. Si queremos traer de nuevo el poder espiritual a nuestra vida, debemos comenzar a pensar en Dios de un modo que se aproxime más a como Él es en realidad.

Como humilde contribución a una comprensión mayor de la Majestad de los cielos, ofrezco este reverente estudio de los atributos de Dios. Si los cristianos de hoy leyeran obras como las de Agustín o Anselmo, un libro como éste no habría tenido razón de ser. Sin embargo, los cristianos modernos sólo conocen de nombre a esos iluminados. Las casas editoras cumplen con su deber de hacer reimpresiones de sus libros, y a su debido tiempo éstas aparecen en los estantes de nuestros estudios. Ahí es donde se encuentra el problema: se quedan en los estantes.

Es evidente que no son muchos los cristianos dispuestos a leer centenares de páginas de material religioso que requiere una concentración constante. Estos libros les recuerdan a demasiadas personas aquellos clásicos seculares que se vieron obligadas a leer mientras estaban en la escuela, y se apartan de ellos con una sensación de desaliento.

Por este motivo, un esfuerzo como el presente no dejará de tener algún efecto beneficioso. Como este libro no es ni esotérico ni técnico, y ya que está escrito en el lenguaje de la adoración, sin pretensiones de elegancia en su estilo literario, quizá haya unas cuantas personas que se sientan atraídas hacia su lectura. Aunque creo que no se hallará aquí nada que sea contrario a la sana teología cristiana, con todo, no estoy escribiendo para los teólogos profesionales, sino para las personas cuyo corazón las mueve a buscar a Dios mismo.

Tengo la esperanza de que este libro pueda contribuir en algo a la promoción de la religión personal y, si unos cuantos se sienten animados por su lectura a comenzar la práctica de la meditación sobre la esencia de Dios, eso bastaría para pagar con creces el esfuerzo de producirlo.

A. W. Tozer

Capítulo 1

Por qué debemos pensar correctamente sobre Dios

Señor todopoderoso, no el Dios de los filósofos y de los sabios, sino el Dios de los profetas y los apóstoles, y lo mejor de todo, el Dios y Padre de nuestro Señor Jesucristo: ¿me permites reconocer tu santidad?

Los que no te conocen, quizá te invoquen como otro distinto al que eres, y así no te adoran a ti, sino a una criatura de su propia imaginación; por eso, ilumínanos la mente para que te conozcamos tal como eres, de manera que te podamos amar de manera perfecta y alabarte dignamente.

En el nombre de Jesucristo, nuestro Señor. *Amén.*

Lo que nos viene a la mente cuando pensamos en Dios es lo más importante de nosotros.

Es probable que la historia de la humanidad señalará que ningún pueblo se ha alzado a niveles más altos que su religión, y la historia espiritual del hombre demostrará que ninguna religión ha sido jamás más grande que su concepto de Dios. La adoración será pura, o baja, según el lugar en que el adorador tenga a Dios.

Por esta razón, la cuestión más importante que la Iglesia tiene delante siempre será Dios mismo, y la realidad más portentosa acerca de cualquier ser humano no es lo que él pueda decir o hacer en un momento dado, sino la forma en que concibe a Dios en lo más profundo del corazón. Por una ley secreta del corazón, tenemos la tendencia de acercarnos hacia la imagen mental de Dios que poseamos. Esto no es cierto solamente con respecto al cristiano de manera individual, sino también con respecto al conjunto de cristianos que forma la Iglesia. Lo más revelador acerca de la Iglesia será siempre su idea de Dios, así como su mensaje más significativo es lo que diga sobre Él, o lo que deje sin decir, porque con frecuencia, su silencio es más elocuente que sus palabras. Nunca se podrá escapar de la revelación de sí misma que hará cuando dé testimonio acerca de Dios.

Si fuéramos capaces de obtener de algún ser humano una respuesta completa a la pregunta "¿Qué le viene a la mente cuando piensa sobre Dios?", podríamos predecir con certeza el futuro espiritual de ese ser humano. Si fuéramos capaces de conocer con exactitud lo que piensan sobre Dios los más influyentes de nuestros líderes religiosos, podríamos predecir con bastante precisión dónde se hallará la Iglesia mañana.

Sin duda alguna, la palabra de más peso en cualquier idioma es la que utiliza para designar a Dios. El pensamiento y el habla son dones de Dios a unas criaturas hechas a su imagen; éstas están íntimamente asociadas con Él, y son imposibles sin Él. Es muy significativo que la primera palabra fuera la Palabra, el Verbo: "Y el Verbo era con Dios, y el Verbo era Dios". Nosotros podemos hablar, porque Dios habló. En Él, la palabra y la idea son inseparables entre sí.

Que nuestra idea de Dios se aproxime lo más posible al verdadero ser de Dios es algo de inmensa importancia para nosotros. Comparados con nuestros pensamientos reales acerca de Él, nuestras declaraciones en los credos resultan de poca importancia. Nuestra idea real de Dios pudiera hallarse enterrada bajo los desechos de las nociones religiosas convencionales, y quizás se necesite una búsqueda inteligente y vigorosa antes de ser desenterrada y expuesta tal como es. Sólo después de una fuerte prueba de doloroso examen personal, estaremos en condiciones de descubrir lo que creemos en realidad sobre Dios.

Tener un concepto correcto de Dios es algo fundamental, no sólo para la teología sistemática, sino también para la vida cristiana práctica. Es a la adoración lo que los cimientos son al templo; donde sea inadecuado, o esté fuera de plomada, toda la estructura tendrá que desplomarse tarde o temprano. Creo que son muy escasos los errores en la doctrina o en la aplicación de la ética cristiana que no se puedan seguir hasta hallar su origen en unos pensamientos imperfectos e innobles sobre Dios.

Opino que el concepto de Dios que prevalece en esta época es tan decadente, que se encuentra completamente por debajo de la dignidad del Dios Altísimo, y en realidad constituye para los que profesan ser creyentes algo que equivale a una calamidad moral.

Todos los problemas del cielo y de la tierra, aunque se nos presentaran juntos y al mismo tiempo, no serían nada comparados con el abrumador problema de Dios: que Él *existe, cómo* es Él, y qué debemos *hacer* nosotros, como seres morales, acerca de Él.

El hombre que llega a unas creencias correctas con respecto a Dios queda aliviado de mil problemas temporales, porque ve de una vez que éstos tienen que ver con cuestiones que, a lo sumo, no le pueden preocupar por largo tiempo; pero aun si se le pudieran quitar las numerosas cargas del tiempo, la poderosa carga de la eternidad comienza a pesar sobre él con un peso más aplastante que todas los sufrimientos del mundo amontonados uno sobre otro. Esa poderosa carga es su obligación con Dios. Comprende un acuciante deber de amar a Dios durante toda la vida con todas las fuerzas de la mente y del alma, de obedecerle de manera perfecta y de adorarle de manera aceptable. Cuando la angustiada conciencia del hombre le dice que no ha hecho ninguna de estas cosas, sino que desde la niñez ha sido culpable de una necia rebelión contra la Majestad del cielo, la presión interna se podría volver difícil de soportar.

El evangelio puede quitar esta carga destructora de la mente, dar gloria en lugar de ceniza, y manto de alegría en lugar de luto. Con todo, a menos que se sienta el peso de esa carga, el evangelio no podrá significar nada para el hombre; y hasta que no tenga una visión de un Dios exaltado por encima de todo, no habrá temor ni carga alguna. El bajo concepto de Dios destruye el Evangelio para todo el que lo tenga.

Entre los pecados a los que tiende el corazón humano, es difícil hallar otro que sea más odioso para Dios que la idolatría, porque la idolatría es en el fondo un libelo con respecto a su personalidad. El corazón idólatra da por sentado que Dios es otro distinto a quien es — algo que es en sí un monstruoso pecado — y sustituye al Dios verdadero por otro hecho a su propia semejanza. Este Dios siempre se conformará a la imagen del que lo ha creado, y será bajo o puro, cruel o bondadoso, según el estado moral de la mente de la cual ha surgido.

Es muy natural que un dios engendrado en las sombras de un corazón caído no sea una verdadera semejanza del Dios verdadero. El Señor le dice al malvado en el salmo: "Tú pensabas que yo era totalmente igual a ti." En realidad, esto debe constituir una seria afrenta para el Dios Altísimo ante el cual los querubines y serafines claman de manera continua: "Santo, santo, santo, Señor Dios de los ejércitos."

Mantengámonos alerta, no vaya a ser que en nuestro orgullo aceptemos la noción errónea de la idolatría sólo consiste en doblar la rodilla ante objetos visibles de adoración, y que por tanto, los pueblos civilizados se hallan libres de ella. La esencia de la idolatría consiste en abrigar sobre Dios pensamientos que son indignos de Él. Comienza en la mente, y puede estar presente donde no se haya producido ningún acto abierto de adoración. Pablo dice: "Habiendo conocido a Dios, no le glorificaron como a Dios, ni le dieron gracias, sino que se envanecieron en sus razonamientos, y su necio corazón fue entenebrecido."

A esto siguió la adoración de ídolos fabricados a semejanza de hombres, y de aves, y de bestias, y de reptiles, pero esta serie de actos degradantes comenzó en la mente. Las ideas equivocadas sobre Dios no sólo son la fuente de la que fluyen las aguas contaminadas de la idolatría; ellas mismas son idolátricas. Nociones pervertidas sobre Dios pronto pudren la religión en que aparecen. La larga historia de Israel demuestra esto con suficiente claridad, y la historia de la Iglesia lo confirma. Es tan necesario para la Iglesia el tener un alto concepto de Dios que, cuando ese concepto declina, la Iglesia, con su adoración y sus normas morales, declina junto con él. El primer paso en este descenso lo toma una iglesia, cualquiera que ésta sea, cuando abandona su alto concepto de Dios.

Antes que la Iglesia cristiana se eclipse en cualquier lugar, debe haber primero una corrupción de su teología más simple y fundameental. Sencillamente, responde de manera errada a la pregunta "¿Cómo es Dios?", y parte de aquí. Aunque pueda continuar aferrada a un credo nominalmente sano, su credo práctico se ha vuelto falso. Las masas de sus adeptos llegan a creer que Dios es diferente a como es en realidad, y esto es herejía de la más insidiosa y mortal de las clases.

La obligación más fuerte de cuantas pesan sobre la Iglesia cristiana de hoy consiste en purificar y elevar su concepto de Dios. En todas sus oraciones y trabajos, esto debiera ocupar el primer lugar. Le haremos el mejor de los servicios a la próxima generación de cristianos si les entregamos sin amortiguar ni disminuir ese noble concepto de Dios que recibimos de nuestros padres hebreos y cristianos de generaciones pasadas. Esto demostrará ser de mayor valor para ellos, que todo cuanto se les pueda ocurrir al arte o a la ciencia.

> Oh Dios de Betel, de cuya mano
>   tu pueblo sigue recibiendo su alimento;
> tú que has guiado a través
>   de este cansado peregrinaje
> a todos nuestros padres.
> Nuestros votos y oraciones presentamos
>   ante el trono de tu gracia.

Philip Doddridge

Capítulo 2

El Dios incomprensible

Señor, ¡cuán grande es nuestro dilema! En tu presencia, lo que más nos conviene es el silencio, pero el amor nos hace arder el corazón y nos impulsa a hablar.

Si nosotros nos callásemos, las piedras gritarían; pero si hablamos, ¿qué vamos a decir? Enséñanos a conocer lo que no podemos conocer, porque las cosas de Dios no las conoce hombre alguno, sino el Espíritu de Dios. Haz que la fe nos sostenga donde fracasa la razón, y pensaremos porque creemos, no para poder creer.

En el nombre de Jesús. *Amén.*

El niño, el filósofo y el religioso hacen todos la misma pregunta: "¿Cómo es Dios?"

Este libro constituye un intento por responder a esa pregunta. Sin embargo, debo reconocer que no se puede responder, sino diciendo que Dios no es igual a nada; Él no es igual a nada ni a nadie.

Aprendemos a base de utilizar lo que ya conocemos como puente sobre el cual pasamos rumbo a lo desconocido. A la mente no le es posible irrumpir de pronto más allá de lo familiar en lo que le es extraño por completo. Aun la mente más vigorosa y osada es incapaz de crear algo a partir de la nada, por medio de un acto espontáneo de la imaginación. Esos extraños seres que pueblan el mundo de la mitología y la superstición no son creaciones puras de la fantasía. La imaginación los creó tomando los habitantes corrientes de la tierra, el aire y el mar y extendiendo sus formas familiares más allá de sus fronteras normales, o bien mezclando las formas de dos o más de ellos, de tal manera que se produjera algo nuevo. Por hermosos o grotescos que sean, siempre se puede identificar a sus prototipos. Son parecidos a algo que ya conocemos.

El esfuerzo de los hombres inspirados para expresar lo inefable ha puesto gran presión, tanto sobre el pensamiento, como sobre el lenguaje de las Santas Escrituras. Siendo éstos con frecuencia una revelación de un mundo situado *por encima* de la naturaleza, y siendo las mentes para las cuales fueron escritos *parte* de esa naturaleza, los escritores se han visto obligados a usar una gran cantidad de palabras de "semejanza" para poderse dar a entender.

Cuando el Espíritu nos quiere dar a conocer algo que se halla más allá del campo de nuestro conocimiento, nos dice que *esta* cosa es *como* algo que ya conocemos; pero siempre tiene el cuidado de poner su descripción en palabras que nos salven de un literalismo esclavizador. Por ejemplo, cuando el profeta Ezequiel vio los cielos abiertos y contempló visiones de Dios, se halló a sí mismo viendo algo que él no tenía lenguaje con el cual describir. Lo que estaba viendo era diferente por completo a todo cuanto él había conocido antes, así que se apoyó en el lenguaje del parecido. "Cuanto a la semejanza de los seres vivientes, su aspecto era como de carbones de fuego encendidos."

Mientras más se acercaba al trono llameante, más inseguras se iban haciendo sus palabras: "Y sobre la expansión que había sobre sus cabezas se veía la figura de un trono que parecía de piedra de zafiro; y sobre la figura del trono había una semejanza que parecía de hombre sentado sobre él. Y vi la apariencia como de bronce refulgente, como apariencia de fuego dentro de ella en derredor . . . Ésta fue la visión de la semejanza de la gloria de Jehová."

Por extraño que sea este lenguaje, no crea la impresión de que describe algo irreal. La impresión que nos da es la de que toda la escena es muy real, pero distinta por completo a cuanto los hombres conocemos en la tierra. Por tanto, a fin de dar una idea de lo que ve, el profeta necesita utilizar palabras como "apariencia", "semejanza", "como si fuera" y "la semejanza que parecía". Incluso el trono se convierte en "la figura de un trono", y el que está sentado en él, aunque semejante a un hombre, es tan *distinto,* que sólo se le puede describir como "una semejanza que parecía de hombre".

Cuando las Escrituras declaran que el hombre fue hecho a imagen de Dios, no nos atrevemos a añadir a esa afirmación una idea tomada de nuestra propia cabeza para que signifique "a la imagen *exacta*". Hacerlo así equivaldría a convertir al hombre en una réplica de Dios, y eso sería perder la unicidad de Dios y terminar sin Dios alguno. Sería echar abajo el muro infinitamente alto que separa al que es Dios de aquello que no es Dios. Pensar que la criatura y el Creador son semejantes en cuanto a su ser esencial es robarle a Dios la mayoría de sus atributos y reducirlo a la condición de criatura; es, por ejemplo, despojarlo de su infinitud. No es posible que existan dos sustancias ilimitadas en el universo: es arrebatarle su soberanía. No pueden existir dos seres absolutamente libres en el universo, porque tarde o temprano, dos voluntades que sean completamente libres deberán chocar entre sí. Estos atributos, para no mencionar ninguno más, exigen que sólo exista un ser al cual ellos pertenezcan.

Cuando intentemos imaginarnos cómo es Dios, por necesidad tendremos que usar lo que no es Dios como el material en bruto para que nuestra mente trabaje sobre él; de aquí que, comoquiera que nos imaginemos que Dios es, no será así, porque habremos construido nuestra imagen a partir de aquello que Él ha hecho, y lo que Él ha hecho no es Dios. Si insistimos en tratar de imaginárnoslo, terminaremos con un ídolo, no hecho con las manos, sino con los pensamientos; y un ídolo de la mente es tan ofensivo para Dios como un ídolo hecho con las manos.

"El intelecto sabe que te ignora", dijo Nicolás de Cusa, "porque sabe que no se te puede conocer, a menos que se pueda conocer lo imposible de conocer, y se pueda ver lo invisible, y alcanzar lo inalcanzable."[1]

"Si alguien presenta un concepto por medio del cual se te puede concebir", dice también Nicolás de Cusa, "yo sé que ese concepto no es un concepto sobre ti, porque todo concepto termina en el muro del Paraíso . . . Así también, si alguien quisiese hablar de comprenderte, deseando proporcionar un medio a través del cual se te pueda entender, ese hombre está aún lejos de ti . . . tanto como lo absoluto que tú eres por encima de todos los conceptos que hombre alguno pueda enmarcar."[2]

Librados a nuestros propios impulsos, tendemos de inmediato a reducir a Dios a términos manejables. Queremos ponerlo donde lo podamos utilizar, o al menos saber dónde está cuando lo necesitamos. Queremos un Dios que podamos controlar en cierta medida. Necesitamos la sensación de seguridad que procede de saber cómo es Dios, y por supuesto, lo que pensamos que Él es resulta ser una composición de todas las imágenes religiosas que hemos visto, todas las personas buenas que hemos conocido o de las que hemos oído hablar, y todas las ideas sublimes que hemos acariciado.

---

1 Nicolás de Cusa, *The Vision of God.* (Nueva York: E. P. Dutton & Sons, 1928), p. 60.
2 Ibíd., pp. 58-59.

Si todo esto suena extraño a los oídos modernos, sólo se debe a que durante medio siglo hemos dado a Dios por sentado. La gloria de Dios no le ha sido revelada a esta generación de hombres. El Dios del cristianismo contemporáneo es sólo ligeramente superior a los dioses de Grecia y de Roma, si no resulta inferior a ellos, en el hecho de que Él es débil e indefenso, mientras que ellos por lo menos tenían poder.

Si Dios no es lo que nosotros concebimos que es, entonces, ¿cómo hemos de pensar en Él? Si Él es en realidad incomprensible, como el Credo lo declara, e inalcanzable, como Pablo dice que es, ¿cómo podremos los cristianos satisfacer nuestro anhelo por Él? Las esperanzadoras palabras "Vuelve ahora en amistad con él, y tendrás paz" siguen en pie después del paso de los siglos, pero ¿cómo vamos a hacer amistad con Alguien que evade todos los tensos esfuerzos de mente y corazón? Y, ¿cómo se nos va a exigir que conozcamos lo que no podemos conocer?

"¿Descubrirás tú los secretos de Dios?" pregunta Zofar el naamatita. "¿Llegarás tú a la perfección del Todopoderoso? Es más alta que los cielos; ¿qué harás?" "Ni al Padre conoce alguno, sino el Hijo", dijo el Señor nuestro, "y aquél a quien el Hijo lo quiera revelar". El Evangelio según San Juan revela lo desvalida que está la mente humana ante el gran Misterio que es Dios, y Pablo enseña en la Primera epístola a los Corintios que sólo podemos conocer a Dios cuando el Espíritu Santo realiza en el corazón del que busca un acto de revelación de sí mismo.

El anhelo por saber lo que no es posible saber, comprender al Incomprensible, tocar y probar al Inalcanzable, surge de la imagen de Dios que hay en la naturaleza del hombre. El abismo llama a otro abismo, y aunque contaminada y atada a la tierra por el grandioso desastre que los teólogos llaman la Caída, el alma siente cuál es su origen y suspira por regresar a su Fuente. ¿Cómo se puede realizar esto?

La respuesta de la Biblia es simple: "por Jesucristo, nuestro Señor". En Cristo y por Cristo, Dios realiza su completa autorrevelación, aunque no se muestra a la razón, sino a la fe y al amor. La fe es un órgano del conocimiento, y el amor un órgano de la experiencia. Dios vino a nosotros en la encarnación; en la expiación nos reconcilió consigo mismo, y por la fe y el amor entramos a su presencia para alcanzarlo.

"En realidad, Dios tiene una grandeza infinita", dice Richard Rolle, el extasiado trovador de Cristo; "más de lo que nosotros podamos pensar . . . imposible de conocer por las cosas creadas, y nunca nosotros lo podremos comprender tal como Él es en sí mismo. Pero aun aquí y ahora, cada vez que el corazón comienza a arder de deseo por Dios, se le da la capacidad de recibir la luz increada e, inspirado y completado por los dones del Espíritu Santo, gustar los gozos del cielo. Trasciende todas las cosas visibles y es levantado a la dulzura de la vida eterna . . . Ciertamente en esto está el amor perfecto; cuando toda intención de la mente y toda obra secreta del corazón son levantadas hasta el amor de Dios."[1]

Que el alma pueda conocer a Dios en una tierna experiencia personal, mientras que permanece infinitamente elevado por encima de los ojos curiosos de la razón, constituye una paradoja muy bien descrita como

> Tinieblas para el intelecto,
> pero luz radiante para el corazón.

Frederick W. Faber

El autor de la celebrada obrita *The Cloud of Unknowing* ("La nube del desconocimiento") desarrolla esta tesis a lo largo de su libro. Al aproximarse a Dios, dice, el que lo busca descubre que el Ser divino habita en la oscuridad, escondido detrás de una nube de desconocimiento; sin embargo, no se debe desalentar, sino fortalecer su voluntad con un intento por alcanzar a Dios. Esta nube se encuentra entre el que busca y Dios de tal manera que nunca pueda ver a Dios claramente con la luz del entendimiento, ni sentirlo con las emociones. Con todo, por la misericordia de Dios, la fe puede abrirse paso hasta su Presencia; todo lo que ha de hacer el que lo busca es creer la Palabra y marchar adelante.[2]

El español Miguel de Molinos enseñó la misma cosa. En su *Guía espiritual* dice que Dios tomará al alma de la mano y la guiará por la senda de la fe pura, "y haciendo que el entendimiento deje detrás todas las consideraciones y todos los razonamientos, la llevará adelante . . . De esta forma, Él hace que el alma, por medio de un sencillo y oscuro conocimiento de fe, aspire sólo a alcanzar a su Desposado sobre las alas del amor".[3]

Por esta enseñanza y otras similares, Molinos fue condenado como hereje por la Inquisición y sentenciado a cadena perpetua. Murió pronto en la prisión, pero las verdades que enseñó nunca podrán morir. Hablando del alma cristiana, dice: "Que dé por sentado que el mundo entero y

1 Richard Rolle, *The Amending of Life* (Londres: John M. Watkins, 1922), pp. 83-83.
2 John M. Watkins, *The Cloud of Unknowing* (Londres, 1946).
3 Miguel de Molinos, *The Spiritual Guide*, 6ª ed. (Londres: Methune & Co., Ltd., 1950), p. 56.

los conceptos más refinados de los intelectos más sabios no le pueden decir nada, y que la bondad y la hermosura de su Amado sobrepasan de manera infinita todo el conocimiento de ellos, estando persuadida de que todas las criaturas son demasiado burdas para informarla y para conducirla al conocimiento verdadero de Dios . . . Entonces, debe seguir adelante con su amor, dejando detrás todo su entendimiento. Que ame a Dios como Él es en sí mismo, y no como su imaginación dice que Él es, y lo describe."[1]

"¿Cómo es Dios?" Si con esta pregunta queremos decir "¿Cómo es Dios *en sí mismo?*", no hay respuesta. Si queremos decir "¿Qué ha revelado Dios *acerca de sí mismo*, que la razón reverente pueda comprender?", sí hay, creo, una respuesta plena y satisfactoria. Porque aunque el nombre de Dios sea secreto y su naturaleza esencial sea incomprensible, Él, en su condescendiente amor, ha declarado por revelación que hay ciertas cosas que son verdaderas con respecto a sí mismo. Éstas son las que llamamos atributos.

> Padre soberano, Rey celestial,
> a ti ahora nos atrevemos a cantar;
> alegres confesamos tus atributos,
> todos gloriosos e incontables.
>
> *Carlos Wesley*

---

1 Ibíd., pp. 56-57.

Capítulo 3

El atributo divino: algo cierto acerca de Dios

Majestad inenarrable, mi alma desea verte. Clamo a ti desde el polvo.

Sin embargo, cuando busco tu nombre, es secreto. Tú estás escondido en la luz a la que ningún hombre se puede aproximar. Lo que tú eres, no puede ser pensado ni dicho, porque tu gloria es inefable.

Con todo, profeta y salmista, apóstol y santo, me han animado a creer que en cierta medida te puedo conocer. Por eso te ruego que, cuanto te haya placido revelar de ti mismo, me ayudes a buscarlo como un tesoro más precioso que los rubíes, o que la mercadería de oro fino, porque contigo viviré cuando las estrellas del amanecer ya no existan, y los cielos se hayan desvanecido, y sólo permanezcas tú. *Amén.*

El estudio de los atributos de Dios, lejos de ser aburrido y pesado, puede ser un ejercicio espiritual dulce y absorbente para el cristiano ilustrado. Para el alma que está sedienta de Dios, nada podría haber más deleitoso.

> Sólo sentarse a pensar en Dios,
> ¡qué gozo es!
> Tener el pensamiento; mencionar el Nombre;
> la tierra no tiene bendición mayor.
>
> *Frederick W. Faber*

Antes de seguir adelante, parecería necesario definir la palabra *atributo,* tal como es usada en esta obra. No la usamos en su sentido filosófico, ni tampoco la confinamos a su significado teológico más estricto. Con ella queremos designar todo aquello que se le pudiera atribuir de manera correcta a Dios. Para los propósitos de este libro, *un atributo de Dios es todo aquello que Dios haya revelado de alguna forma como verdadero con respecto a sí mismo.*

Esto nos lleva a preguntarnos por el número de los atributos divinos. Los pensadores religiosos han diferido con respecto a esto. Algunos han insistido en que hay siete, pero Faber cantaba sobre "el Dios de los *mil* atributos", y Carlos Wesley exclamaba: "La gloria tus atributos confiesa; gloriosos todos e *incontables*".

Es cierto que estos hombres estaban adorando, no contando; pero sería sabio que siguiésemos la profundidad del corazón extasiado, en lugar de los razonamientos más cautelosos de la mente teológica. Si los atributos son cosas ciertas con respecto a Dios, lo mejor que haríamos es no tratar de enumerarlos. Además, para esta meditación sobre el ser de Dios, el número de sus atributos carece de importancia, porque sólo vamos a mencionar aquí un número limitado de ellos.

Si bien un atributo es algo cierto con respecto a Dios, también es algo que nosotros podemos *concebir* como cierto con respecto a Él. Dios, por ser infinito, debe poseer atributos acerca de los cuales nosotros no podemos saber nada. Un atributo, tal como nosotros lo podemos conocer, es un concepto mental, una respuesta intelectual a la autorrevelación de Dios. Es una respuesta a una pregunta; la réplica que hace Dios a nuestra interrogación con respecto a Él.

¿Cómo es Dios? ¿Qué clase de Dios es Él? ¿Cómo podemos esperar que actúe hacia nosotros y hacia todas las cosas creadas? Las preguntas de este tipo no son sólo académicas. Tocan las interioridades más profundas del espíritu humano, y sus respuestas afectan vida, personalidad y destino. Cuando se hacen con reverencia, y se buscan sus respuestas con humildad, éstas son preguntas que sólo pueden ser agradables a nuestro Padre que está en los cielos. "Porque su voluntad es que nosotros nos ocupemos en conocerle y amarle", escribió Juliana de Norwich, "hasta el momento en que seamos plenamente realizados en el cielo . . . Porque, entre todas las cosas, son la contemplación y el amor del Creador las que hacen que el alma parezca menos a nuestros propios ojos, y nos llenan más de temor reverente y mansedumbre genuina, con abundante caridad para con los demás cristianos."[1]

A nuestras preguntas, Dios les ha proporcionado respuestas; aunque no todas las respuestas, pero sí suficientes para satisfacer a nuestro intelecto y extasiar a nuestro corazón. Estas respuestas nos las ha

---

1 Juliana de Norwich, *Revelations of Divine Love*, 7ª ed. (Londres: Methune & Co., Ltd., 1920), pp. 14-15.

proporcionado en la naturaleza, en las Escrituras y en la persona de su Hijo.

La idea de que Dios se revela a sí mismo en la creación no es algo que los cristianos modernos sostengan con mucho vigor. Sin embargo, la presenta la Palabra inspirada, en especial los escritos de David e Isaías en el Antiguo Testamento, y la epístola de Pablo a los Romanos, en el Nuevo. En las Santas Escrituras, la revelación es más clara:

> Los cielos declaran tu gloria, Señor.
> En cada estrella brilla tu sabiduría;
> pero cuando nuestro ojos contemplan tu Palabra,
> leemos tu nombre en estrofas más claras.
>
> *Isaac Watts*

Forma parte sagrada e indispensable del mensaje cristiano el que el resplandor pleno de la revelación llegase en el momento de la encarnación, cuando la Palabra Eterna se hizo carne y habitó en medio de nosotros.

Aunque Dios nos ha proporcionado respuestas a nuestras preguntas con respecto a Él en su triple revelación, esas respuestas distan mucho de hallarse en la superficie. Es necesario buscarlas mediante la oración, la larga meditación de la Palabra escrita, y el esfuerzo ansioso y disciplinado. Por fuerte que brille la luz, sólo la podrán ver aquéllos que estén preparados espiritualmente para recibirla. "Bienaventurados los de limpio corazón, porque ellos verán a Dios."

Si tenemos la intención de pensar con exactitud acerca de los atributos de Dios, necesitamos aprender a rechazar ciertas palabras que seguro acudirán a llenarnos la mente; palabras como *rasgo, característica, cualidad*. Estas palabras son correctas y necesarias cuando estamos hablando de los seres creados, pero son inadecuadas por completo cuando estamos pensando sobre Dios. Debemos quitarnos el hábito de pensar en el Creador de la misma forma en que pensamos en sus criaturas. Es probable que sea imposible pensar sin palabras, pero si nos permitimos pensar con las palabras incorrectas, pronto estaremos alimentando pensamientos erróneos, porque las palabras, que nos han sido dadas para que expresemos los pensamientos, tienen el hábito de ir más allá de sus límites correctos, y determinar el contenido de los pensamientos. "Así como no hay nada más fácil que pensar", dice Thomas Traherne, "tampoco hay nada más difícil que pensar bien."[1] Si alguna vez pensamos bien, debe ser cuando pensamos en Dios.

Un hombre es la suma de sus partes, y su personalidad es la suma de los rasgos que la componen. Estos rasgos varían de un hombre a otro, y de cuando en cuando varían ellos mismos dentro del mismo hombre. La personalidad humana no es constante, porque los rasgos o cualidades que la constituyen son inestables. Van y vienen; son poco intensos, o brillan con gran fulgor a lo largo de toda nuestra vida. Así, un hombre que sea bondadoso y considerado a los treinta años podría ser cruel y grosero a los cincuenta. Este cambio es posible, porque el hombre es *hecho;* en un sentido muy real, es un compuesto. Es la suma de los rasgos que componen su personalidad.

De forma natural, pensamos correctamente en el hombre como una obra realizada por la Inteligencia divina. Es creado y hecho a la vez. Cómo fue creado es algo que permanece sin revelar entre los secretos de Dios; cómo fue traído de la no existencia a la existencia, de la nada al ser, no se sabe, y quizá nunca lo sepa nadie más que Aquél que lo creó. En cambio, cómo Dios lo *hizo,* es algo menos secreto, y aunque sólo conocemos una pequeña porción de toda la verdad, sí sabemos que el hombre posee un cuerpo, un alma y un espíritu; sabemos que tiene memoria, razón, voluntad, inteligencia, sentidos, y sabemos que para darles sentido a todas estas cosas, tiene el maravilloso don de la conciencia. También sabemos que éstos, junto con diversas cualidades del temperamento, componen el total de su yo humano. Éstos son dones procedentes de Dios, organizados con sabiduría infinita; notas que componen la partitura de la más alta sinfonía de la creación; hilos que forman el tapiz maestro del universo.

Sin embargo, en todo esto, estamos pensando pensamientos de criaturas y usando palabras de criaturas para expresarlos. Ni esos pensamientos ni estas palabras son adecuados para la Divinidad. "El Padre no se ha hecho por nadie", dice el Credo de Atanasio; "ni creado ni engendrado. El Hijo procede del Padre solamente; no hecho, ni creado, sino engendrado. El Espíritu Santo procede del Padre y del Hijo: no hecho, ni creado, ni engendrado, sino que procede de ellos."[2] Dios existe en sí mismo y por sí mismo. Su ser no se lo debe a nadie. Su sustancia

1 Thomas Traherne, *Centuries of Meditation* (Londres: P. J. y A. E. Dobell, 1948), p. 6.
2 El Credo de Atanasio.

es indivisible. No está compuesto por partes, sino que es simple en su ser unitario.

La doctrina de la unidad divina no sólo significa que existe un Dios único; significa también que Dios es simple, incomplejo, uno consigo mismo. La armonía de su ser no es el resultado de un perfecto equilibrio entre las partes, sino de la ausencia de partes. Entre sus atributos no puede existir contradicción alguna. Él no necesita suspender uno para ejercitar otro, porque en Él todos sus atributos son uno. Dios no se divide a sí mismo para realizar una obra, sino que obra en la unidad total de su ser.

Por todo esto, un atributo no es una parte de Dios. Es *como Dios es,* y tan lejos como pueda ir la mente en su razonamiento, podemos afirmar que es *lo que Dios es* (aunque, tal como he tratado de explicar, exactamente lo que Él es, no nos lo puede decir). De qué está consciente Dios cuando está consciente de sí mismo, sólo Él lo sabe. "Nadie conoció las obras de Dios, sino el Espíritu de Dios." Sólo a un igual podría Dios comunicar el misterio de su Divinidad; y pensar en que Dios tenga un igual sería caer en un absurdo intelectual.

Los atributos divinos son lo que conocemos como cierto con respecto a Dios. Él no los posee como cualidades; son como Dios es, tal como se revela a sus criaturas. Por ejemplo, el amor no es algo que Dios tenga, y que pueda crecer o disminuir, o dejar de ser. Su amor es la forma en que Dios es, y cuando Él ama se está limitando a ser Él mismo. Lo mismo sucede con los demás atributos.

> Un Dios, una Majestad.
> No hay más Dios que tú,
> Unidad sin límites y sin extensión.
>
> Mar insondable,
> toda vida procede de ti,
> y tu vida es tu bendita unidad.
>
> *Frederick W. Faber*

Capítulo 4

La Santa Trinidad

Dios de nuestros padres, entronizado en la luz, qué vigorosa y musical es nuestra lengua. Sin embargo, cuando tratamos de hablar de tus maravillas, qué pobres parecen nuestras palabras, y qué poco melodioso nuestro discurso. Cuando consideramos el temible misterio de tu Divinidad Una y Trina, nos tenemos que poner la mano sobre la boca. Ante esa zarza ardiente, no te pedimos comprender, sino sólo que te podamos adorar como corresponde a ti, Dios único en tres Personas. *Amén.*

Meditar en las tres Personas de la Divinidad es caminar con el pensamiento a través del jardín oriental del Edén y pisar suelo santo. Nuestro esfuerzo más sincero por captar el incomprensible misterio de la Trinidad está condenado a permanecer inútil para siempre, y sólo por la reverencia más profunda se puede salvar de convertirse en una verdadera presunción.

Algunas personas que rechazan todo cuanto son incapaces de explicar han negado que Dios sea una Trinidad. Sujetando al Altísimo a su frío escrutinio, hecho a ras de tierra, llegan a la conclusión de que es imposible que Él pueda ser a la vez Uno y Tres. Se olvidan de que toda la vida de ellos mismos se encuentra envuelta en el misterio. No tienen en cuenta de que cualquier explicación real, hasta del fenómeno más sencillo de la naturaleza, permanece escondida en la oscuridad, y es tan imposible de explicar como el misterio de la Divinidad.

Todo hombre vive por la fe, tanto el incrédulo como el santo; el uno por la fe en las leyes naturales, y el otro por la fe en Dios. Todo hombre acepta constantemente sin comprender, a lo largo de su vida entera. Es posible callar al sabio más ilustre con una sencilla pregunta: *"¿Qué?"* La respuesta a esa pregunta yace para siempre en el abismo de lo desconocido, más allá de la capacidad de descubrimiento de todo hombre. "Dios entiende el camino de ella, y conoce su lugar", pero el hombre mortal, nunca jamás.

Tomás Carlyle, siguiendo a Platón, describe a un profundo pensador pagano que habría vivido hasta su edad madura en una cueva escondida, para ser sacado de ella de repente a fin de que viese salir el sol. "Cuál no sería su asombro", exclama Carlyle, "su extasiada perplejidad ante el mismo espectáculo que nosotros presenciamos a diario con indiferencia. Con el sentido libre y abierto de un niño, y al mismo tiempo con la madura facultad de un hombre, su corazón entero ardería al contemplarlo . . . Esta tierra verde, construida en piedra y llena de flores, los árboles, las montañas, los ríos, los mares con sus muchos rumores y sonidos; ese gran y profundo mar de azul oscuro que flota encima de nuestra cabeza; los vientos que lo barren; la nube negra que se va formando para después lanzar, ahora fuego, ahora granizo y lluvia; ¿qué *es* esto? Si, ¿qué? En el fondo, no lo sabemos aún; nunca lo podremos saber en absoluto."[1]

Cuán distintos somos los que hemos crecido acostumbrados a todo ello; los que hemos llegado a embotarnos con una saciedad de maravillas. "No escapamos a las dificultades por nuestra comprensión superior", dice Carlyle, "sino por nuestra superior ligereza, nuestra falta de atención, nuestra *falta* de comprensión. A fuerza de *no* pensar es como dejamos de maravillarnos ante ellas . . . A ese fuego que sale de la negra nube de tormenta le llamamos "electricidad" y damos eruditas conferencias sobre él, y producimos algo parecido a base de frotar vidrios y sedas, pero . . . ¿qué *es?* ¿De dónde procede? ¿Hacia dónde va? La ciencia ha hecho mucho por nosotros, pero es una pobre ciencia que nos quisiera esconder la gran infinitud, sagrada y profunda, de la No-ciencia, donde nunca podremos penetrar; en cuya superficie nada toda la ciencia como una simple película. Este mundo, después de toda nuestra ciencia y todas nuestras ciencias, sigue siendo un milagro; maravilloso, inescrutable, mágico y más, para todo el que quiera *pensar* en él."

Estas penetrantes y casi proféticas palabras fueron escritas hace más de un siglo, pero ni siquiera todos los pasmosos avances de la ciencia y la tecnología desde aquellos tiempos han podido invalidar una sola palabra, o hacer obsoletos un solo punto o una sola coma. Seguimos sin saber. Salvamos las apariencias a base de repetir con frivolidad la jerga popular en las ciencias. Controlamos la grandiosa energía que corre por todo nuestro mundo; la sometemos al control de la punta de nuestros dedos en nuestros automóviles y cocinas; la hacemos trabajar para

---

1 Tomás Carlyle, *Heroes and Hero Worship* (Filadelfia: Henry Altemus Co.), p. 14-15.

nosotros como el genio de Aladino, pero seguimos sin saber lo que es. El secularismo, el materialismo y la intrusiva presencia de las *cosas* han apagado la luz de nuestra alma, y nos han convertido en una generación de zombis. Cubrimos con palabras nuestra profunda ignorancia, pero nos avergüenza maravillarnos, y tenemos miedo de susurrar la palabra "misterio".

La Iglesia no ha dudado en enseñar la doctrina de la Trinidad. Sin pretender entenderla, ha dado testimonio a favor de ella; ha repetido lo que enseñan las Sagradas Escrituras. Algunos niegan que las Escrituras enseñen que hay una Trinidad en la Divinidad, apoyándose en que toda esta idea de una trinidad en la unidad es una contradicción de términos. Sin embargo, puesto que no somos capaces de entender la caída de una hoja de árbol junto a este camino, o la incubación de un huevo de petirrojo en aquel nido lejano, ¿por qué habría de constituir la Trinidad un problema para nosotros? "Pensamos más altamente sobre Dios", dice Miguel de Molinos, "por saber que Él es incomprensible, y se halla por encima de nuestro entendimiento, que por concebirlo bajo cualquier imagen, y belleza de criatura, según nuestro torpe entendimiento."[1]

No todos cuantos se han llamado a sí mismos cristianos a lo largo de los siglos han sido trinitarios, pero así como la presencia de Dios en la columna de fuego resplandeció sobre el campamento de Israel a través de todo aquel viaje por el desierto, proclamando ante todo el mundo: "Éstos son mi pueblo", también la creencia en la Trinidad ha resplandecido desde los días de los apóstoles sobre la Iglesia del Primogénito a lo largo de su peregrinaje por el tiempo. La pureza y el poder han seguido a esta fe. Bajo esta bandera han marchado apóstoles, padres, mártires, místicos, himnólogos, reformadores, predicadores de avivamiento, y el sello de aprobación divina ha estado sobre su vida y sus esfuerzos. Aunque hayan diferido en cuestiones de menor importancia, la doctrina de la Trinidad los ha unido.

Lo que Dios declara, el corazón creyente lo confiesa sin necesitar más pruebas. En realidad, buscar pruebas es admitir dudas, y obtener pruebas es hacer superflua la fe. Todo aquél que posea el don de fe reconocerá la sabiduría de estas osadas palabras de uno de los primeros padres de la Iglesia: "Creo que Cristo murió por mí, porque es increíble; creo que resucitó de entre los muertos, porque es imposible."

1 Miguel de Molinos, *op. cit.*, p. 58.

Esa fue la actitud de Abraham, quien contra toda evidencia, se mantuvo firme en la fe, dando la gloria a Dios. Fue la actitud de Anselmo, "el segundo Agustín", uno de los pensadores más grandes que ha tenido la era cristiana, quien sostenía que la fe debe preceder a todo esfuerzo por comprender. La reflexión sobre la verdad revelada sigue de manera natural al advenimiento de la fe, pero la fe viene primero al oído que escucha, no a la mente que medita. El hombre que cree no sopesa la Palabra para llegar a la fe por medio de un proceso de razonamiento, ni busca confirmación a su fe por parte de la filosofía o la ciencia. Su clamor es: "Tierra, tierra, escucha la palabra del Señor. Sí, sea Dios veraz y todo hombre mentiroso."

¿Equivale esto a echar por tierra toda erudición como carente de valor en la esfera de la religión revelada? En manera alguna. El erudito tiene una tarea importante y vital que realizar, dentro de un recinto enmarcado con cuidado. Su tarea consiste en garantizar la pureza del texto, en acercarse tanto como le sea posible a la Palabra, tal como fue dada originalmente. Puede comparar Escritura con Escritura, hasta haber descubierto el verdadero significado del texto. No obstante, es aquí mismo donde termina su autoridad. *Nunca deberá sentarse a juzgar lo que ha sido escrito.* No se debe atrever a traer el *significado* de la Palabra ante el tribunal de su razón. No se debe atrever a elogiar o condenar la Palabra por razonable o irracional, científica o anticientífica. Después de descubierto el significado, ese significado lo juzga a él; nunca es él quien juzga al significado.

La doctrina de la Trinidad es una verdad para el corazón. Sólo el espíritu del hombre puede entrar a través del velo y penetrar en ese Lugar Santísimo. "Que te busque anhelante", suplicaba Anselmo, "que suspire por ti al buscarte; que te encuentre en el amor, y te ame al encontrarte."[1] El amor y la fe están en su ambiente dentro del misterio de la Divinidad. Arrodíllese la razón en reverencia fuera de él.

Cristo no vaciló en utilizar la forma plural al hablar de sí mismo junto al Padre y al Espíritu. "Vendremos a él, y haremos morada con él." En otra ocasión dijo: "Yo y el Padre uno somos." Tiene suma importancia que pensemos en Dios como Trinidad en la Unidad, sin confundir a las Personas, ni dividir la Sustancia. Sólo así podremos pensar de manera

---

1 San Anselmo, *Proslogium* (LaSalle, Ill.: Open Court Publishing Co., 1903), p. 6.

correcta sobre Dios, y de una manera digna de Él y de nuestra propia alma.

La declaración de nuestro Señor de que era igual al Padre fue lo que desató la ira de los religiosos de sus días, y lo condujo por último a la crucifixión. El ataque contra la doctrina de la Trinidad dos siglos más tarde por parte de Arrio y de otros, también iba dirigido contra la proclamación de divinidad hecha por Cristo con respecto a sí mismo. Durante las controversias con Arrio, trescientos dieciocho padres de la Iglesia (muchos de ellos mutilados y con cicatrices de las heridas causadas por la violencia física sufrida en persecuciones anteriores) se reunieron en Nicea y adoptaron una declaración de fe, una de cuyas secciones dice:

> Creo en un solo Señor Jesucristo,
> el Unigénito Hijo de Dios,
> engendrado por Él antes de todos los siglos,
> Dios de Dios, Luz de Luz,
> Dios verdadero de Dios verdadero,
> engendrado, no creado,
> de la misma sustancia que el Padre,
> por quien todas las cosas fueron hechas.

Durante más de dieciséis siglos, ésta ha permanecido como la prueba definitiva de ortodoxia, y está bien que así sea, puesto que condensa en lenguaje teológico las enseñanzas del Nuevo Testamento con respecto a la posición del Hijo dentro del Ser divino.

El Credo Niceno rinde tributo también al Espíritu Santo como Dios mismo, e igual al Padre y al Hijo:

> Creo en el Espíritu Santo,
> Señor y dador de vida,
> que procede del Padre y del Hijo,
> que junto con el Padre y el Hijo
> es adorado y glorificado.

Dejando de lado la cuestión de si el Espíritu procede sólo del Padre, o del Padre y del Hijo, este principio doctrinal del antiguo credo ha sido sostenido por las ramas oriental y occidental de la Iglesia y por todos los cristianos, con la excepción de una pequeña minoría.

Los autores del Credo de Atanasio detallaron con gran cuidado las relaciones de las tres Personas entre sí, llenando tanto como les fue posible las brechas existentes en el pensamiento humano, al mismo tiempo que permanecían dentro de los límites de la Palabra inspirada. "En esta Trinidad", dice el Credo, "nada es antes ni después; nada es mayor ni menor, sino que las tres Personas son coeternas, juntas e iguales."

¿Cómo armonizan estas palabras con estas de Jesús: "El Padre mayor es que yo"? Aquellos teólogos antiguos lo sabían, y escribieron en el Credo: "Igual a su Padre en cuando a su divinidad; menor que el Padre, en cuanto a su humanidad", y esa interpretación se recomienda a sí misma ante todo el que busque con seriedad la verdad en una región en la cual la luz no tiene nada de cegadora.

Para redimir a la humanidad, el Hijo Eterno no dejó el seno del Padre. Mientras caminaba entre los hombres, se refería a sí mismo llamándose "el unigénito Hijo, que está en el seno del Padre", y se refería a sí mismo al hablar del "Hijo del Hombre, que está en el cielo". Aquí concedemos que existe misterio, aunque no confusión. En su encarnación, el Hijo veló su divinidad, pero no la anuló. La unidad del Ser divino hacía imposible que Él renunciase a parte alguna de su divinidad. Cuando tomó sobre sí la naturaleza de hombre, no se degradó a sí mismo, ni se convirtió, aunque fuera por un tiempo, en menos de lo que había sido antes. Dios nunca puede convertirse en algo inferior a sí mismo. Es impensable que Dios se convierta en algo que no haya sido.

Las tres Personas del Ser divino, por ser todas uno, tienen una voluntad. Siempre trabajan juntas, y nunca ha habido una sola acción, por pequeña que sea, que la haya hecho una de ellas sin la aprobación instantánea de las otras dos. Todo acto de Dios es realizado por la Trinidad en Unidad. Aquí, por supuesto, somos impulsados necesariamente a concebir a Dios en términos humanos. Estamos pensando sobre Dios por medio de la analogía con el hombre, y el resultado debe quedarse corto con respecto a la verdad definitiva. Con todo, para poder pensar algo con respecto a Dios, tenemos que hacerlo a base de adaptarle al Creador pensamientos de criatura y palabras de criatura. Es un error real, aunque comprensible, el concebir a las Personas del Ser divino como consultándose unas a otras y alcanzando un acuerdo por medio del intercambio de pensamientos, tal como lo hacemos los humanos. Siempre me ha parecido que Milton introduce un elemento de debilidad en su celebrado *Paraíso perdido* cuando presenta a las Personas divinas conversando entre sí acerca de la redención de la raza humana.

Cuando el Hijo de Dios caminaba sobre la tierra como el Hijo del Hombre, le hablaba con frecuencia al Padre, y el Padre siempre le respondía. Como Hijo del Hombre, intercede ahora ante Dios por su pueblo. Se debe entender siempre el diálogo entre el Padre y el Hijo que recogen las Escrituras como producido entre el Padre Eterno y Jesucristo hombre. Esa comunión instantánea e inmediata entre las Personas divinas que ha existido desde toda la eternidad no conoce sonidos, esfuerzos ni movimientos.

> Entre los silencios eternos,
> se dijo la Palabra infinita de Dios;
> nadie la oyó, sino aquel que siempre hablaba,
> y no se quebrantó el silencio.
>
> ¡Cuán maravilloso! ¡Cuán digno de adoración!
> No se oye canto ni sonido alguno,
> pero en todas partes y a todas horas,
> en amor, en sabiduría y en poder,
> el Padre pronuncia su amada Palabra eterna.
>
> *Frederick W. Faber*

Una creencia popular entre los cristianos divide las obras de Dios entre las tres Personas, atribuyéndole una parte concreta a cada una, como por ejemplo, la creación al Padre, la redención al Hijo y la regeneración al Espíritu Santo. Esto es en parte cierto, pero no por completo, porque Dios no puede dividirse a sí mismo de tal manera que una de las Personas trabaje mientras otra permanece inactiva. En las Escrituras se muestra a las tres Personas actuando en una armoniosa unidad en todas las obras poderosas que son realizadas a lo largo y ancho del universo.

En las Santas Escrituras, la obra de la *creación* aparece atribuida al Padre (Génesis 1:1), al Hijo (Colosenses 1:16) y al Espíritu Santo (Job 26:13 y Salmo 104:30). Se señala que la *encarnación* fue realizada por las tres Personas de pleno acuerdo (Lucas 1:35), aunque sólo el Hijo se hiciera carne para habitar en medio de nosotros. En el *bautismo* de Cristo, cuando el Hijo salía del agua, el Espíritu descendió sobre Él y se oyó la voz del Padre desde el cielo (Mateo 3:16, 17). La descripción quizás más hermosa de la obra de *expiación* es la que se encuentra en Hebreos 9:14, donde se afirma que Cristo, por medio del Espíritu Eterno, se ofreció a sí mismo sin mancha a Dios. Vemos aquí a las tres Personas obrando juntas.

De igual manera, la *resurrección* de Cristo es atribuida de manera diversa al Padre (Hechos 2:32), al Hijo (Juan 10:17, 18) y al Espíritu Santo (Romanos 1:4). El apóstol Pedro señala que la *salvación* de la persona es obra de las tres Personas divinas (1 Pedro 1:2), y la *inhabitación* del alma del cristiano se dice que es realizada por el Padre, el Hijo y el Espíritu Santo (Juan 14:15-23).

Como he mencionado antes, la doctrina de la Trinidad es una verdad para el corazón. El hecho de que no se pueda explicar de manera satisfactoria, en lugar de ser una prueba en su contra, lo es a su favor. Una verdad así tenía que ser revelada; nadie se la habría podido imaginar.

> ¡Oh bendita Trinidad,
> oh Majestad sencilla,
> oh Tres en Uno solo!
> Sólo tú eres por siempre Dios.
> ¡Santa Trinidad!
> Benditos Tres iguales,
> un solo Dios, te alabamos.

Frederick W. Faber

Capítulo 5

La autoexistencia de Dios

¡Señor de todos los seres! Sólo tú puedes afirmar aquello de YO SOY EL QUE SOY; con todo, nosotros, que hemos sido hechos a imagen tuya, podemos repetir cada cual otro "Yo soy", confesando así que nos derivamos de ti, y que nuestras palabras sólo son un eco de las tuyas. Te reconocemos como el gran Original, del cual, gracias a tu bondad, somos copias agradecidas aunque imperfectas. Te adoramos, Padre Eterno. *Amén.*

Dios no tiene origen", decía Novaciano,[1] y es precisamente este concepto de carencia de origen el que distingue a Aquél que es Dios, de todo lo que no sea Dios.

"Origen" es una palabra que sólo se puede aplicar a las cosas creadas. Cuando pensamos en algo que tiene origen, no estamos pensando en Dios. Dios tiene existencia en sí mismo, mientras que todas las cosas creadas se originaron necesariamente en algún lugar, y en algún momento. Aparte de Dios, no hay ser alguno que haya sido su propia causa.

El niño, con su pregunta "¿De dónde vino Dios?", está reconociendo sin quererlo que es una criatura. El concepto de causa, fuente y origen ya está fijado en su mente. Sabe que todo cuanto le rodea vino de algo distinto a sí mismo, y todo lo que hace es extender ese concepto hacia arriba, hacia Dios. El pequeño filósofo está pensando en un verdadero idioma de criatura y, si tenemos en cuenta su falta de información fundamental, está razonando de manera correcta. Se le debe decir que Dios no tiene origen, y lo va a encontrar difícil de captar, puesto que esto introduce una categoría con la que no está familiarizado en absoluto, y contradice la tendencia hacia la búsqueda de los orígenes que se halla tan profundamente implantada en todos los seres inteligentes; una tendencia que los impulsa a buscar cada vez más atrás, hacia unos comienzos aún no descubiertos.

---

1 Novaciano, *On the Trinity* (Nueva York: Macmillan Co., 1919), p. 25.

Pensar en aquello a lo que no se puede aplicar la idea de origen no es fácil, si es que resulta posible en absoluto. Así como, bajo ciertas condiciones, se puede ver un pequeño destello de luz, no a base de mirarlo de manera directa, sino a base de enfocar los ojos ligeramente hacia un lado, así también sucede con la idea del Increado. Cuando tratamos de centrar nuestro pensamiento sobre Aquél que es un ser puro increado, es posible que no lleguemos a ver nada en absoluto, porque Él habita en una luz a la que ningún hombre se puede aproximar. Sólo por medio de la fe y del amor, podremos captar un destello suyo, cuando Él vaya pasando junto a nuestro refugio en una hendidura de la roca. "Y aunque este conocimiento sea muy nebuloso, vago y general", dice Miguel de Molinos, "con todo, por ser sobrenatural, produce un conocimiento de Dios mucho más claro y perfecto que cualquier aprehensión sensible o particular que podamos formar en esta vida, puesto que todas las imágenes corpóreas y sensibles están inconmensurablemente alejadas de Dios."[1]

La mente humana, por ser creada, siente una comprensible incomodidad con respecto al Increado. No nos sentimos cómodos cuando permitimos la presencia de Uno que se halla por completo fuera del círculo de los conocimientos que nos son familiares. Tendemos a sentirnos inquietos con el pensamiento de que hay Uno que no nos rinde cuentas a nosotros en cuanto a su ser; que no es responsable ante nadie, que es autoexistente, autodependiente y autosuficiente.

La filosofía y la ciencia no siempre han sido amistosas hacia la idea de Dios, siendo la razón el que se han dedicado a la tarea de dar cuenta de las cosas, y se impacientan ante algo que se niegue a rendirles cuentas sobre sí mismo. El filósofo y el científico están dispuestos a admitir que hay muchas cosas que ellos no conocen; pero entre eso, y admitir que hay algo que *nunca* podrán conocer, y que carecen de técnicas para descubrirlo, hay gran distancia. Admitir que hay Uno que se halla más allá de nosotros, que existe fuera de todas nuestras categorías, que no es posible salir de Él con sólo ponerle un nombre, que no va a comparecer ante el tribunal de nuestra razón, ni someterse a nuestras curiosas investigaciones; esto exige una gran cantidad de humildad, más de la que poseemos la mayoría de nosotros, de manera que salvamos las apariencias a base de pensar a Dios, rebajándolo a nuestro nivel, o al menos, a un nivel en el que podamos manejarlo. Y sin embargo, Él nos elude.

---

1 Miguel de Molinos, *op. cit.*, p. 58.

Porque Él está en todas partes, y al mismo tiempo en ninguna, puesto que la palabra "donde" tiene que ver con materia y espacio, y Dios es independiente de ambos. Ni el tiempo ni el movimiento lo afectan; Él es autodependiente por completo, y no les debe nada a los mundos que han hecho sus manos.

> Sin tiempo, sin espacio, único, solitario,
>   y con todo, sublimemente Tres,
> tú eres grandioso, siempre el solo
>   Dios en unidad.
> Solo en tu grandeza, solo en tu gloria,
>   ¿quién contará tu maravillosa historia,
>   venerada Trinidad?

Frederick W. Faber

No es un pensamiento agradable el de que millones de seres humanos que vivimos en una tierra donde hay Biblias, que pertenecemos a iglesias y trabajamos por adelantar la religión cristiana, nos podamos pasar con todo nuestra vida entera en esta tierra sin haber pensado o tratado de pensar con seriedad ni una sola vez acerca del ser de Dios. Pocos de nosotros hemos dejado que nuestro corazón contemple extasiado al yo soy, el Yo autoexistente, más allá del cual no puede pensar criatura alguna. Los pensamientos de este tipo son demasiado angustiosos para nosotros. Preferimos pensar dónde hará más bien; por ejemplo, cómo construir una ratonera mejor, o cómo hacer que crezcan dos briznas de hierba donde antes crecía sólo una. Y por esto, estamos pagando ahora un precio demasiado alto en la secularización de nuestra religión y la decadencia de nuestra vida interior.

Quizá algunos cristianos sinceros pero perplejos quieran averiguar en este momento cuán prácticos son los conceptos como los que estoy tratando de presentar aquí. "¿Qué importancia tiene esto para *mi* vida?" dirán. "Qué significado puede tener la autoexistencia de Dios para mí, y para otros como yo, en un mundo como éste y en tiempos como los que corren?"

A esto contesto que somos una obra de Dios, y de esto se sigue como consecuencia que *todos nuestros problemas y sus soluciones son teológicos*. Es indispensable tener cierto conocimiento de la clase de Dios que opera el universo para tener una filosofía sana sobre la vida, y una visión cuerda del escenario del mundo. El tan citado consejo de Alexander

Pope: "Conócete, pues, a ti mismo; no trates de analizar presuntuoso a Dios: el estudio adecuado para la humanidad es el hombre", si lo seguimos de forma literal, destruiría toda posibilidad de que el hombre se llegue a conocer a sí mismo alguna vez de una forma que no sea la más superficial. Nunca podremos saber quiénes o qué somos, hasta que sepamos al menos algo de lo que Dios es. Por esta razón, la autoexistencia de Dios no es un jirón de alguna árida doctrina, académica y remota; en realidad es algo tan cercano como nuestro aliento, y tan práctico como la técnica quirúrgica más avanzada.

Por razones que sólo Él conoce, Dios decidió honrar al hombre por encima de todos los demás seres, al crearlo a su propia imagen. Quede entendido que la imagen divina en el hombre no es una fantasía poética, ni una idea nacida de la añoranza religiosa. Es una realidad teológica sólida, enseñada con claridad a lo largo de las Sagradas Escrituras y reconocida por la Iglesia como una verdad necesaria para tener una comprensión correcta de la fe cristiana.

El hombre es un ser creado, un yo derivado y contingente, que en sí mismo no posee nada, sino que para existir depende en cada momento de Aquél que lo creó a su propia semejanza. La realidad de Dios es necesaria a la realidad del hombre. Deshágase el hombre de Dios con el pensamiento, y se quedará sin motivos para existir.

Que Dios lo es todo, y el hombre nada, es un principio doctrinal básico en la fe y la devoción cristianas, y aquí las enseñanzas del cristianismo coinciden con las de las religiones más avanzadas y filosóficas del Oriente. El hombre, por mucha genialidad que tenga, no es más que un eco de la Voz original; un reflejo de la Luz increada. Como un rayo de sol perece cuando se lo separa del sol, así el hombre, sin Dios, retrocedería al vacío de la nada, del cual salió llamado por el Creador.

No sólo el hombre, sino todo lo que existe, salió de su impulso creador y depende de que éste continúe. "En el principio era el Verbo, y el Verbo era con Dios, y el Verbo era Dios . . . Todas las cosas por él fueron hechas, y sin él nada de lo que se ha hecho, fue hecho." Así es como lo explica Juan, y con él coincide el apóstol Pablo: "Porque en él fueron creadas todas las cosas, las que hay en los cielos y las que hay en la tierra, visibles e invisibles; sean tronos, sean dominios, sean principados, sean potestades, todo fue creado por medio de él y para él. Y él es antes de todas las cosas, y todas las cosas en él subsisten." El escritor de Hebreos une su voz a estos testimonios, atestiguando él también sobre

Cristo que Él es el resplandor de la gloria de Dios y la imagen misma de su Persona, y que sustenta todas las cosas con la palabra de su poder.

En esta dependencia total de todas las cosas en la voluntad creadora de Dios, se encuentra la posibilidad, tanto de santidad como de pecado. Una de las marcas de la imagen de Dios en el hombre es su capacidad de tomar decisiones morales. El cristianismo enseña que el hombre decidió ser independiente de Dios, y confirmó su decisión desobedeciendo de forma deliberada un mandato divino. Este acto violó la relación que de forma normal había entre Dios y su criatura; rechazó a Dios como fundamento de la existencia y lanzó al hombre de vuelta sobre sí mismo. A partir de aquellos momentos, se convirtió, no en un planeta que giraba alrededor de su Sol central, sino en un sol por derecho propio, alrededor del cual debe girar todo lo demás.

No sería posible imaginar una afirmación más positiva del ser de Dios, que sus palabras a Moisés: yo soy el que soy. Todo cuanto Dios es, todo aquello que es Dios, es presentado en esta declaración absoluta de una esencia independiente. Sin embargo, en Dios, el yo no es pecado, sino la quintaesencia de toda la bondad, la santidad y la verdad posibles.

El hombre natural es pecador porque reta a la autoexistencia de Dios con relación a su propia existencia, y sólo porque la reta. En todo lo demás, es probable que esté dispuesto a aceptar la soberanía de Dios; en su propia vida, la rechaza. Para él, el dominio de Dios termina donde comienza el suyo. Para él, su yo se convierte en el Yo, y en esto imita inconscientemente a Lucifer, aquel hijo caído de la mañana que dijo en su corazón: "Subiré al cielo; en lo alto, junto a las estrellas de Dios, levantaré mi trono . . . y seré semejante al Altísimo".

Con todo, el yo es tan sutil que son muy escasos los que se hallan conscientes de su presencia. Porque el hombre nace rebelde, no está consciente de que lo es. Su constante afirmación del yo, tal y como él lo define, le parece una cosa muy natural. Está dispuesto a compartirse a sí mismo, algunas veces incluso a sacrificarse por un fin anhelado, pero nunca a destronarse a sí mismo. Por bajo que descienda en la escala de la aceptación social, ante sus propios ojos sigue siendo un rey sobre su trono, y nadie, ni siquiera Dios, le puede arrebatar ese trono.

El pecado tiene muchas manifestaciones, pero su esencia es una sola. Un ser moral, creado para adorar ante el trono de Dios, se sienta en el trono de su propio ser, y desde esa elevada posición, declara: "yo soy". Eso es pecado en su esencia más concentrada; sin embargo, puesto que es natural, da la impresión de que es bueno. Sólo cuando el alma es llevada en el Evangelio ante la faz del Santísimo, sin el escudo protector de la ignorancia, es cuando esa terrible incongruencia moral es sacada al nivel de la conciencia. En el lenguaje del evangelismo, se dice que el hombre que es enfrentado así con la presencia de fuego del Dios Todopoderoso, se halla bajo convicción. Cristo se refirió a esto cuando dijo acerca del Espíritu que Él enviaría a este mundo: "Y cuando él venga, convencerá al mundo de pecado, de justicia y de juicio".

El cumplimiento más temprano de estas palabras de Cristo tuvo lugar el día de Pentecostés, después que Pedro predicara el primer gran sermón cristiano. "Al oír esto, se compungieron de corazón, y dijeron a Pedro y a los otros apóstoles: Varones hermanos, ¿qué haremos?" Este "¿qué haremos?" es el profundo grito que sale del corazón de todo ser humano que se da cuenta de pronto de que él es un usurpador, y de que está sentado en un trono robado. Por dolorosa que sea, es precisamente esta aguda consternación moral la que produce el arrepentimiento genuino y hace del penitente un robusto cristiano, después que haya sido destronado y haya encontrado perdón y paz por medio del evangelio.

"La pureza del corazón consiste en desear una cosa", decía Kierkegaard, y también es cierto si declaramos: "La esencia del pecado es querer una cosa", porque enfrentar nuestra voluntad a la de Dios equivale a destronar a Dios, y hacernos supremos a nosotros mismos en el pequeño reino del alma humana. Esto es el pecado en su misma raíz de maldad. Aunque los pecados se multipliquen como la arena de la playa, siguen siendo uno solo. Los pecados son, porque el pecado es. Éste es el razonamiento que se halla tras la tan malentendida doctrina de la depravación natural, que sostiene que el hombre impenitente no puede hacer otra cosa más que pecar, y que sus buenas obras no tienen nada de buenas en realidad. Sus mejores obras religiosas, Dios las desecha, como rechazó la ofrenda de Caín. Sólo cuando él le haya restaurado a Dios el trono que le había robado, serán aceptables sus obras.

Pablo describe de manera vívida en el capítulo séptimo de su carta a los romanos la lucha del cristiano por ser bueno, mientras aún vive dentro de él la tendencia hacia la afirmación de sí mismo como una especie de reflejo moral inconsciente, y su testimonio se halla en pleno acuerdo con las enseñanzas de los profetas. Ochocientos años antes de la llegada de Cristo, el profeta Isaías identificó al pecado como la rebelión contra la voluntad de Dios y la afirmación del derecho de cada hombre a decidir por sí mismo la senda por donde ha de ir. "Todos nosotros nos descarriamos como ovejas", dijo, "cada cual se apartó por su camino." Yo creo que no se ha dado nunca una descripción más exacta del pecado.

El testimonio de los santos ha estado en perfecta armonía con el profeta y el apóstol, en cuanto al principio interno del yo que se halla en la fuente misma de la conducta humana, convirtiendo en maldad todo cuanto hacen los hombres. Para salvarnos completamente, Cristo tiene que invertir la tendencia de nuestra naturaleza; tiene que implantar dentro de nosotros un nuevo principio, de tal forma que nuestra conducta subsiguiente brote de un anhelo de promover la honra de Dios y el bien de los seres humanos. Los pecados viejos del yo deben morir, y el único instrumento con el que se los puede matar es la Cruz. "Si alguno quiere venir en pos de mí, niéguese a sí mismo, y tome su cruz, y sígame", dijo nuestro Señor, y años más tarde, Pablo podría exclamar victorioso: "Con Cristo estoy juntamente crucificado, y ya no vivo yo, mas vive Cristo en mí".

> Mi Dios, si el pecado su poder mantiene
> y en mi alma vive desafiante,
> no es suficiente que me perdones;
> se debe alzar la cruz para que muera mi yo.

> Oh Dios de amor, revela tu poder;
> no basta con que Cristo haya resucitado;
> yo también debo buscar los cielos resplandecientes
> y levantarme de entre los muertos, como se levantó Cristo.

Himno griego

Capítulo 6

La autosuficiencia de Dios

Enséñanos, oh Dios, que nada te es necesario. Si tú tuvieses necesidad de algo, esa cosa sería la medida de tu imperfección y, ¿cómo podríamos adorar a uno que fuera imperfecto? Si nada te es necesario, entonces nadie es necesario, y si nadie lo es, entonces nosotros no lo somos. Cierto es que nos buscas, aunque no nos necesites. Nosotros te buscamos, porque te necesitamos, porque en ti vivimos, nos movemos y tenemos nuestro ser. *Amén.*

El Padre tiene vida en sí mismo", dijo nuestro Señor, y es característico de su enseñanza que así, en una breve oración gramatical, presente una verdad tan elevada, que trasciende los niveles más altos que es capaz de alcanzar el pensamiento humano. Dios, dijo Él, es autosuficiente; es lo que es *en sí mismo;* éste es el significado de esas palabras.

Cuanto Dios sea, y todo lo que Dios es, lo es en sí mismo. Toda la vida es en Dios y de Dios procede, ya se trate de la forma más simple de vida inconsciente, o de la vida inteligente y altamente autoconsciente de un serafín. Ninguna criatura tiene vida en sí misma; toda vida es un don de Dios.

En sentido contrario, la vida de Dios no es un don recibido de nadie. Si hubiera otro de quien Dios pudiera recibir el don de la vida, o en realidad, cualquier don, ese otro sería el verdadero Dios. Una manera elemental, pero correcta, de pensar en Dios, es como Aquél que lo contiene todo, que da todo cuanto es dado, pero que Él mismo no puede recibir nada que no haya dado primero.

Admitir la existencia de una necesidad en Dios es admitir que el Ser divino está incompleto. "Necesidad" es una palabra de criatura, y no se puede decir con respecto al Creador. Dios tiene una relación voluntaria con todo aquello que Él ha hecho, pero no tiene una relación *necesaria* con nada fuera de sí mismo. Su interés en sus criaturas surge de su soberana buena voluntad, no de ninguna necesidad que puedan cubrir esas criaturas, ni de ninguna perfección que ellas le puedan aportar a él, que es perfecto en sí mismo.

De nuevo tenemos que cambiar el curso de nuestros pensamientos para tratar de entender aquello que es exclusivo; aquello que permanece solo como cierto en esta situación, y en ninguna otra. Nuestros hábitos corrientes de pensamiento aceptan la existencia de necesidades entre las cosas creadas. Nada es completo en sí mismo, sino que necesita de algo ajeno a sí para existir. Todas las cosas que respiran necesitan aire; todos los organismos necesitan comida y agua. Quitemos el aire y el agua de la tierra, y toda la vida perecerá al instante. Podemos declarar como axioma que para permanecer viva, toda cosa creada necesita de alguna otra cosa creada, y todas las cosas necesitan de Dios. Sólo a Dios no le es necesario nada.

El río aumenta de tamaño gracias a sus afluentes, pero ¿dónde está el afluente que pueda aumentar el tamaño de Aquél de quien vino todo, y a cuya infinita plenitud le debe su ser toda la creación?

Insondable Mar, toda vida ha salido de ti, y tu vida es tu bendita Unidad.

Frederick W. Faber

El problema de por qué Dios creó el universo todavía preocupa a los pensadores; pero si bien no podemos saber por qué, al menos podemos saber que Él no trajo a la existencia a sus mundos para satisfacer alguna necesidad insatisfecha suya, como un hombre construiría una casa para guarecerse contra el frío del invierno, o sembraría un maizal para proporcionarse el alimento que necesita. La palabra *necesario* es por completo ajena para Dios.

Puesto que Él es el ser supremo sobre todos, de aquí se sigue que no sea posible elevarlo. No hay nada por encima de Él, ni más allá de Él. Para la criatura, todo movimiento hacia Él equivale a elevación; lejos de Él, a descenso. Él mantiene esta posición por sí mismo, y no por licencia de nadie. Así como nadie lo puede elevar, tampoco nadie lo puede degradar. Está escrito que Él sostiene todas las cosas con la palabra de su poder. ¿Cómo lo podrían levantar o sostener las mismas cosas que Él sostiene?

Si de pronto todos los seres humanos perdieran la vista, aún seguirían brillando el sol de día y las estrellas de noche, porque ninguno de ellos les debe nada a los millones de personas que se benefician con su luz. De igual forma, si todos los hombres de la tierra se volvieran ateos, esto no podría afectar a Dios de manera alguna. Él es lo que es, en sí mismo, y sin relación con nadie más. El que creamos en Él no añade nada a sus perfecciones; el que dudemos de Él tampoco le quita nada.

El Dios Todopoderoso, precisamente porque es todopoderoso, no necesita que lo sostengan. La imagen de un Dios nervioso y deseoso de congraciarse, que se arrastra ante los hombres para ganar su favor, no tiene nada de agradable; con todo, si nos fijamos en el concepto popular de Dios, es eso lo que veremos. El cristiano del siglo veinte ha convertido a Dios en un mendigo. Tenemos un concepto tan alto de nosotros mismos, que encontramos muy fácil, por no decir disfrutable, creer que le somos necesarios a Dios. Sin embargo, lo cierto es que Dios no es mayor porque existamos nosotros, ni sería menor si no existiéramos. El que sí existamos depende por completo de una decisión libre de Dios, y no de que nos lo merezcamos, o de una necesidad divina.

Es probable que el pensamiento más difícil de todos los que puede imaginar nuestro egotismo natural es el de que Dios no necesita de nuestra ayuda. Nosotros lo solemos representar como un Padre muy ocupado, ansioso y algo frustrado, siempre de prisa, tratando de llevar a cabo su benevolente plan de traer la paz y la salvación al mundo; sin embargo, como decía Lady Juliana, "vi que en realidad Dios hace todas las cosas, y que nunca le resultan pequeñas".[1] El Dios que obra todas las cosas, seguro que no necesita ni ayuda ni ayudantes.

Demasiadas exhortaciones misioneras se basan en esta imaginaria frustración del Dios Todopoderoso. Un orador eficiente puede mover con facilidad a compasión a sus oyentes, no sólo por los paganos, sino también por el Dios que ha tratado tanto y por tanto tiempo de salvarlos, y no ha podido por falta de apoyo. Me temo que miles de jóvenes no entren al ministerio cristiano por un motivo más alto que ayudar a librar a Dios de la vergonzosa situación en que lo ha metido su amor, y de la cual sus limitadas capacidades parecen incapaces de sacarlo. Añadamos a esto un cierto grado de un elogiable idealismo y una buena cantidad de compasión por los menos privilegiados, y tendremos la verdadera motivación que mueve gran parte de la actividad cristiana de hoy.

Una vez más: Dios no necesita defensores. Él es el eterno Indefendido. Para comunicarse con nosotros en un idioma que podamos comprender, Dios hace pleno uso en las Escrituras de los términos militares, pero en realidad, nunca tuvo la intención de que pensáramos que el trono

---

1 Juliana de Norwich, *op. cit.,* p. 15.

de su Majestad en lo alto se halla sitiado, mientras Miguel y sus huestes, u otros seres celestiales, lo defienden de un tormentoso derrocamiento. Pensar así es malentender todo lo que la Biblia nos quiere decir acerca de Dios. Ni el judaísmo ni el cristianismo podrían aprobar semejantes nociones pueriles. Un Dios que debe ser defendido es un Dios que sólo nos puede ayudar a nosotros mientras haya quien le ayude a Él. Sólo podremos contar con Él, si gana en el continuo vaivén de la batalla entre el bien y el mal. Un Dios así no podría exigir el respeto de hombres inteligentes; sólo los podría mover a piedad.

Para tener razón, necesitamos tener un alto concepto de Dios. Es moralmente imprescindible que purguemos de nuestra mente todos los conceptos innobles con respecto al Ser divino, y permitamos que Él sea en nuestra mente el mismo Dios que es en el universo. La religión cristiana tiene que ver con Dios y con el hombre, pero su centro focal es Dios, no el hombre. El único derecho que tiene el hombre a ser importante se deriva de que ha sido creado a imagen de Dios; en sí mismo, no es nada. Los salmistas y los profetas de las Escrituras se refieren con amarga burla al débil hombre, cuyo aliento está en sus narices, que crece como la hierba en la mañana, sólo para ser cortado y agostarse antes que se ponga el sol. La Biblia insiste en la enseñanza de que Dios existe por sí mismo, y el hombre para la gloria de Dios. El alto honor de Dios es lo primero en el cielo, y así debe ser también en la tierra.

A partir de todo esto, podemos comenzar a comprender por qué las Santas Escrituras hablan tanto acerca del papel vital de la fe, y por qué califican de pecado de fatales consecuencias a la incredulidad. Entre todas las cosas creadas, no hay una sola que se pueda atrever a confiar en sí misma. Sólo Dios confía en sí mismo; todos los demás seres deben confiar en Él. La incredulidad es en realidad una fe pervertida, porque pone su confianza, no en el Dios viviente, sino en los hombres murientes. El incrédulo niega la autosuficiencia de Dios, y usurpa atributos que no le corresponden. Este pecado doble deshonra a Dios, y termina por destruir el alma del hombre.

Dios, en su amor y compasión, vino a nosotros como Cristo. Esta ha sido de manera constante la posición de la Iglesia desde los días de los apóstoles. Está fijada para la fe cristiana en la doctrina de la encarnación del Hijo Eterno. Sin embargo, en tiempos recientes, esto ha venido a significar algo diferente e inferior a lo que significaba para la Iglesia antigua. Se ha igualado al Jesús hombre, tal como apareció en la carne, con el Ser divino, y se le han atribuido todas sus debilidades y limitaciones humanas a la Divinidad. Lo cierto es que el Hombre que caminó entre nosotros era una demostración, no de la divinidad revelada, sino de la humanidad perfecta. La terrible majestad del Ser divino fue ocultada de manera misericordiosa en la suave envoltura de la naturaleza humana para proteger a la humanidad. "Desciende", le dijo Dios a Moisés en la montaña, "ordena al pueblo que no traspase los límites para ver a Jehová, porque caerá multitud de ellos"; y más tarde, "No podrás ver mi rostro; porque no me verá hombre, y vivirá."

Los cristianos de hoy dan la impresión de sólo conocer a Cristo según la carne. Tratan de alcanzar la comunión con Él a base de despojarlo de su ardiente santidad y su inalcanzable majestad, los mismos atributos que Él mantuvo velados mientras estaba en la tierra, pero que asumió en su plenitud de gloria al ascender a la derecha del Padre. El Cristo del cristianismo popular lleva una débil sonrisa y un halo. Se ha convertido en "Alguien de allá arriba" al que le gusta la gente, o al menos alguna gente, y esa gente se siente agradecida, aunque no demasiado impresionada. Si bien ellos lo necesitan a Él, Él también los necesita a ellos.

No nos imaginemos que la verdad de la autosuficiencia divina va a paralizar la actividad cristiana. Más bien, estimulará toda santa empresa. Esta verdad, al mismo tiempo que es una represión necesaria a la autoconfianza de los humanos, cuando la contemplamos desde su perspectiva bíblica, levanta de nuestra mente la agotadora carga de la mortalidad, y nos anima a tomar el fácil yugo de Cristo para gastarnos en un trabajo inspirado por el Espíritu para la honra de Dios y el bien de la humanidad. Porque la bienaventurada noticia es que el Dios que no necesita de nadie, en su divina condescendencia, se ha inclinado para trabajar por sus hijos obedientes, en ellos y a través de ellos.

Si todo esto parece contradecirse a sí mismo, *amén*, que así sea. Los diversos elementos de la verdad se mantienen en una antítesis perpetua, y algunas veces nos exigen que creamos cosas al parecer opuestas, mientras esperamos el momento en el que conoceremos como somos conocidos. Entonces, unas verdades que ahora aparecen estar en conflicto con ellas mismas, se alzarán en resplandeciente unidad, y veremos que el conflicto no ha estado en las verdades, sino en nuestra mente dañada por el pecado.

Mientras tanto, nuestra realización interna se halla en la amorosa obediencia a los mandatos de Cristo y a las inspiradas admoniciones de sus apóstoles. "Dios es el que en vosotros produce . . ." *Él no necesita de nadie*, pero cuando la fe se halla presente, *obra a través de quien sea.* En esta oración gramatical hay dos declaraciones, y una vida espiritual sana exige que las aceptemos ambas. Para toda una generación, la primera ha permanecido dentro de un eclipse casi total, y esto ha sido para nuestro profundo daño espiritual.

> Fuente del bien, todas las bendiciones fluyen desde ti; tu plenitud no conoce necesidad alguna. ¿Qué otra cosa podrías desear fuera de ti mismo? Sin embargo, aunque te bastas a ti mismo, anhelas mi corazón, que nada vale; esto, y sólo esto, es lo que tú exiges.
>
> *Johann Scheffler*

Capítulo 7

Dios es eterno

En este día, nuestro corazón aprueba con alegría lo que nuestra razón nunca podrá comprender por completo: tu eternidad, oh Anciano de Días. ¿Acaso no eres tú desde la eternidad, Señor, Dios mío, mi Santo?

Te adoramos a ti, Padre Eterno, cuyos años no tendrán fin, y a ti, Hijo engendrado por amor, cuyas salidas han sido desde antiguo; también te reconocemos y adoramos a ti, Espíritu Eterno, que antes de la fundación del mundo viviste y amaste en gloria igual con el Padre y el Hijo.

Extiende y purifica la mansión de nuestra alma, de manera que pueda ser una habitación adecuada para tu Espíritu, que prefiere a todos los templos el corazón recto y puro. *Amén.*

El concepto de eternidad recorre como alta cordillera toda la Biblia, y ocupa un importante lugar dentro del pensamiento hebreo y cristiano. Si rechazásemos este concepto, nos sería del todo imposible pensar de nuevo los pensamientos de los profetas y los apóstoles: tan llenos estaban de grandes sueños de eternidad.

Puesto que algunas veces los escritores sagrados utilizaron la palabra *eterno* con un sentido que no va más allá de designar algo que dura por mucho tiempo (como "los collados eternos"), algunas personas han sostenido que el concepto de una existencia sin final no se hallaba en la mente de los escritores cuando usaron la palabra, sino que lo aportaron posteriormente los teólogos. Por supuesto, se trata de un serio error, y en cuanto yo pueda ver, no se fundamenta en ninguna erudición seria. Algunos maestros lo han utilizado como una huida de la doctrina del castigo eterno. Éstos rechazan la eternidad de la retribución moral, y para mantener su coherencia, se ven forzados a debilitar toda la idea de eternidad. Ésta no es la única circunstancia en que se ha hecho un intento por destruir una verdad para mantenerla callada, a fin de que no comparezca como testigo material contra un error.

Lo cierto es que si la Biblia no enseñase que Dios posee un ser eterno, en el significado definitivo de ese término, nosotros nos veríamos impulsados a deducirlo a partir de sus demás atributos. Y si las Santas Escrituras no tuvieran una palabra para hablar de la eternidad absoluta, nos sería necesario inventar una para expresar este concepto, porque es supuesto, presentado de manera implícita y por lo general dado por seguro en todas partes a lo largo y ancho de las Escrituras inspiradas. La idea de ausencia de un fin es al reino de Dios lo que el carbono es al reino de la naturaleza. Así como el carbono está presente en casi todas partes; así como es un elemento esencial en toda la materia viva y le proporciona energía a toda vida, de igual manera el concepto de eternidad es necesario para darle sentido a toda doctrina cristiana. En realidad, no conozco un solo principio doctrinal del credo cristiano que pudiera retener su importancia, si se le extrajera la idea de eternidad.

"Desde el siglo y hasta el siglo, tú eres Dios", dijo Moisés en el Espíritu. "Desde el punto de desaparición hasta el punto de desaparición", sería otra forma de decirlo bastante en consonancia con las palabras, tal y como las usó Moisés. La mente retrocede en el tiempo hasta que desaparece en la niebla el pasado, para después mirar hacia el futuro hasta que el pensamiento y la imaginación se derrumban exhaustos; y Dios se halla en ambos puntos, sin haber sido afectado por ninguno de ellos.

El tiempo marca el comienzo de la existencia creada, y puesto que Dios nunca comenzó a existir, no puede tener aplicación a Él. "Comenzó" es una palabra de tiempo, y no puede tener significado personal para Aquél alto y elevado que habita en la eternidad.

> Ninguna edad podrá acumular sobre ti sus años, Dios amado. Tú eres tú mismo, tu propia eternidad.
>
> *Frederick W. Faber*

Puesto que Dios vive en un eterno presente, carece de pasado y de futuro. Cuando aparecen palabras de tiempo en las Escrituras, se refieren a nuestro tiempo; no al suyo. Cuando los cuatro seres vivientes claman ante el trono de día y de noche: "Santo, santo, santo es el Señor Dios Todopoderoso, el que era, el que es, y el que ha de venir", están identificando a Dios con el fluir de la vida de las criaturas y con sus tres familiares tiempos; y esto es correcto y bueno, puesto que Dios ha decidido en su soberanía identificarse a sí mismo de esta forma. Sin embargo, puesto que Dios es el Increado, Él no es afectado en sí mismo por esa sucesión de cambios consecutivos que llamamos tiempo.

Dios habita en la eternidad, pero el tiempo habita en Dios. Él ya ha vivido todos nuestros mañanas, así como ha vivido todos nuestros ayeres. Aquí nos podría ayudar una ilustración ofrecida por C. S. Lewis. Éste sugiere que pensemos en una hoja de papel de una extensión infinita. Eso sería la eternidad. Entonces, en ese papel, dibujemos una corta línea para representar el tiempo. Así como la línea comienza y termina dentro de esa expansión infinita, también el tiempo comenzó en Dios y terminará en Él.

Que Dios aparezca al principio de los tiempos no es algo demasiado difícil de comprender. Pero que aparezca al principio, y también al final de los tiempos, *de manera simultánea*, es algo no tan fácil de captar; con todo, es cierto. Nosotros conocemos el tiempo a través de una sucesión de acontecimientos. Es la forma en que damos razón de los cambios consecutivos del universo. Los cambios no se producen todos de golpe, sino en sucesión, unos tras otros, y es la relación del "antes" con el "después" la que nos da nuestra idea del tiempo. Nosotros esperamos que el sol se mueva de este a oeste para que el horario se mueva sobre la carátula de nuestro reloj, pero Dios no está obligado a esperar. Para Él, todo lo que va a suceder ya ha sucedido.

Por eso, Dios puede decir: "Yo soy Dios, y no hay otro Dios, y nada hay semejante a mí, que anuncio lo porvenir desde el principio". Él ve juntos el final y el principio. "Porque la duración infinita, que es la eternidad misma, incluye toda sucesión", dice Nicolás de Cusa, "y todo lo que nos parece a nosotros hallarse en sucesión, no existe posteriormente a tu concepto, que es la eternidad . . . Así, porque tú eres Dios Todopoderoso, habitas dentro de los muros del Paraíso, y estos muros son esa coincidencia donde lo posterior es uno con lo anterior; donde el final es uno con el principio, donde el Alfa y la Omega son las mismas . . . Porque el ahora y el entonces coinciden en el círculo de los muros del Paraíso. Pero, Dios mío, Absoluto y Eterno, tú existes y pronuncias tus palabras más allá del presente y del pasado."[1]

Siendo ya de edad muy avanzada, Moisés escribió el Salmo que antes cité en este capítulo. En él celebra la eternidad de Dios. Para Moisés, esta verdad es una sólida realidad teológica, tan firme y fuerte como aquel monte Sinaí con el que estaba tan familiarizado, y para él, tenía dos significados prácticos: puesto que Dios es eterno, puede ser y continuar

---

1 Nicolás de Cusa, *op. cit.*, pp. 48, 49, 50.

siendo para siempre el único refugio seguro para sus hijos zarandeados por el tiempo. "Señor, tú nos has sido refugio de generación en generación." El segundo pensamiento es menos consolador: puesto que la eternidad de Dios es tan larga, y nuestros años tan cortos, ¿cómo vamos a establecer las obras de nuestras manos? ¿Cómo vamos a escapar a la abrasiva acción de los acontecimientos que tratan de agotarnos y destruirnos? Dios llena y domina el Salmo, de manera que es a Él a quien Moisés dirige su dolorida petición: "Enséñanos de tal modo a contar nuestros días, que traigamos al corazón sabiduría."Que el conocimiento de tu eternidad no sea desperdiciado en mí.

Sería prudente para nosotros, que vivimos en esta época nerviosa, meditar sobre nuestra vida y nuestros días de forma larga y frecuente ante la faz de Dios, y al filo de la eternidad. Porque estamos hechos para la eternidad, tan cierto como estamos hechos para el tiempo; y como seres morales responsables, debemos enfrentarnos a ambos.

"Ha puesto eternidad en el corazón de ellos", dijo el Predicador, y yo creo que aquí presenta tanto la gloria como la miseria de los hombres. Estar hechos para la eternidad, y verse obligados a habitar en el tiempo, es para los humanos una tragedia de proporciones gigantescas. Dentro de nosotros, todo clama por la vida y la permanencia, y todo lo que nos rodea, nos recuerda la mortalidad y el cambio. Con todo, el que Dios nos haya hecho del material de la eternidad es tanto una gloria que aún no se ha convertido en realidad, como una profecía que aún no se ha cumplido.

Espero que no se me considere repetitivo de forma indebida si de nuevo vuelvo a ese importante pilar de la teología cristiana que es la imagen de Dios en el hombre. Las marcas de la imagen divina han quedado tan oscurecidas por el pecado, que no son fáciles de identificar, pero ¿no es razonable creer que una de esas marcas pueda ser esa insaciable ansia de inmortalidad que tiene el hombre?

> Tú no nos vas a dejar en el polvo; tú hiciste al
> hombre, él no sabe por qué; piensa que no fue
> hecho para morir, y tú lo has hecho; tú eres justo.[1]

Así razona Tennyson, y los instintos más profundos del corazón humano normal están de acuerdo con él. La antigua imagen de Dios susurra dentro de cada hombre sobre la esperanza eterna; él seguirá

---

1 Tennyson, *In Memoriam.*

existiendo en algún lugar. Con todo, no se puede regocijar, porque la luz que ilumina a todo hombre que viene a este mundo le perturba la conciencia, atemorizándolo con pruebas de su culpabilidad y evidencias de la muerte que se aproxima. Así es molido en el molino, entre la rueda superior de la esperanza, y la rueda inferior del temor.

Es aquí precisamente donde se hace evidente la dulce relevancia del mensaje cristiano. "Jesucristo . . . quitó la muerte y sacó a luz la vida y la inmortalidad por el evangelio." Así escribía el más grande de todos los cristianos poco antes de salir al encuentro con su verdugo. La eternidad de Dios y la mortalidad del hombre se unen para persuadirnos de que la fe en Jesucristo no es optativa. Para cada uno de los hombres se trata de escoger entre Cristo, o la tragedia eterna. Nuestro Señor salió de la eternidad y entró al tiempo para rescatar a sus hermanos humanos, cuya locura moral los había convertido, no sólo en necios del mundo pasajero, sino también en esclavos del pecado y de la muerte.

Una breve vida es lo que nos toca aquí,
   breve angustia, cuidado de corta vida;
la vida que no conoce fin,
   la vida sin lágrimas, está allí.

Allí a Dios, nuestro Rey y Herencia,
   en la plenitud de su gracia
veremos para siempre,
   y adoraremos cara a cara.

Bernardo de Cluny

Capítulo 8

Dios es infinito

Padre celestial: déjanos ver tu gloria; si es necesario, desde el abrigo de la hendidura en la roca y desde debajo de la protección de tu mano que nos cubra. Cualquiera que sea el precio para nosotros, en pérdida de amigos, o de bienes, o de largura de días, déjanos conocerte tal como eres, para que te podamos adorar tal como debemos. Por Jesucristo, nuestro Señor. *Amén.*

El mundo es malo, los tiempos están llegando a su fin, y la gloria de Dios se ha marchado de la Iglesia, como una vez se levantara la nube de fuego de la puerta del Templo a la vista del profeta Ezequiel.

El Dios de Abraham ha retirado de nosotros su Presencia consciente, y otro dios al que nuestros padres no conocían se está acomodando en medio de nosotros. Este dios lo hemos hecho nosotros mismos, y porque lo hemos hecho, lo podemos comprender; porque lo hemos creado, nunca podrá sorprendernos, nunca abrumarnos, nunca dejarnos perplejos, nunca trascendernos.

Es cierto que el Dios de la gloria se reveló a sí mismo a veces como un sol que bendice y da calor, pero que con frecuencia asombra, abruma y ciega antes de sanar y conceder vista permanente. Este Dios de nuestros padres quiere ser el Dios de la raza que los suceda. Sólo tenemos que prepararle morada en amor, fe y humildad. Sólo tenemos que desearlo lo suficiente, y Él vendrá a manifestársenos.

¿Permitiremos que un hombre santo y reflexivo nos exhorte? Oigamos a Anselmo; o mejor aún, prestemos atención a sus palabras:

> Levántate ahora, insignificante hombre. Huye por un tiempo de tus ocupaciones; escóndete por un momento de los pensamientos que te perturban. Deja a un lado ahora los cuidados que tanto te pesan, y desecha tu laboriosa ocupación. Déjales espacio a unos momentos para Dios, y descansa por un poco de tiempo en Él. Entra en la recámara interior de tu mente; enciérrate y deja fuera todos los pensamientos, menos el de Dios, y todos los que te puedan ayudar a buscarlo. Habla

ahora, mi corazón entero. Háblale ahora a Dios, diciéndole:
Busco tu rostro; tu rostro, Señor, buscaré.[1]

De todo cuanto se pueda pensar o decir acerca de Dios, su infinitud es lo más difícil de captar. Aun tratar de concebirla, parecería algo que se contradice a sí mismo, puesto que esta conceptualización exige que emprendamos algo que sabemos desde el principio que nunca podremos realizar. Con todo, debemos intentarlo, porque las Santas Escrituras enseñan que Dios es infinito y que, si aceptamos sus demás atributos, por necesidad tendremos que aceptar éste también.

No debemos retroceder ante el esfuerzo de comprender, aunque el camino sea difícil y no haya ayudas mecánicas para la subida. La vista es mejor más arriba, y el viaje no es para los pies, sino para el corazón. Por tanto, busquemos estos "trances del pensamiento y ascensiones de la mente" según a Dios le complazca concedérnoslos, sabiendo que el Señor les da con frecuencia la vista a los ciegos, y les susurra a los infantes y a los niños de pecho verdades nunca soñadas por los sabios y prudentes. Ahora, el ciego deberá ver, y el sordo oír. Ahora debemos esperar recibir los tesoros de las oscuridades y las riquezas escondidas de los lugares secretos.

Por supuesto, la infinitud supone ausencia de límites, y es obviamente imposible para una mente limitada captar al Ilimitado. En este capítulo, me veo obligado a pensar un paso por detrás de aquello sobre lo cual estoy escribiendo, y necesariamente, el lector deberá pensar un grado por debajo de aquello que está tratando de pensar. ¡Oh, qué profundidad de riquezas hay en la sabiduría y en el conocimiento de Dios! ¡Cuán insondables son sus juicios, y sus caminos más allá de nuestra posibilidad de descubrirlos!

Hemos sugerido antes cuál es la razón de nuestro dilema. Estamos tratando de imaginarnos un modo de ser ajeno por completo a nosotros, y distinto por completo a cuanto hemos conocido en nuestro familiar mundo de materia, espacio y tiempo.

"En ésta, y en todas nuestras meditaciones sobre las cualidades y el contenido de Dios", escribe Novaciano, "pasamos más allá de nuestro poder de comprender de manera adecuada, y la elocuencia humana tampoco puede presentar un poder comparable a su grandeza. En la

---

1 San Anselmo, *op. cit.*, p. 3.

contemplación y manifestación de su majestad, toda elocuencia se queda muda, y con razón; todo esfuerzo mental resulta débil. Porque Dios es mayor que la misma mente. No podemos concebir su grandeza. No; si pudiéramos concebir su grandeza, Él sería inferior a la mente humana que podría formar este concepto. Él es superior a todo lenguaje, y no hay afirmación que lo pueda expresar. En realidad, si hubiera afirmación alguna que lo pudiera expresar, Él sería inferior al habla humana que podría captar y reunir con dicha afirmación todo cuanto Él es. Todos nuestros pensamientos acerca de Él serán inferiores a Él, y nuestras expresiones más elevadas serán trivialidades, comparadas con Él."[1]

Es lamentable que no siempre se le ha dado a la palabra *infinito* su significado preciso, sino que se ha usado de forma descuidada sólo como *mucho*, o como *una gran cantidad*, como cuando decimos que un artista se toma un cuidado infinito con su cuadro, o un maestro muestra una paciencia infinita con sus alumnos. Usada de forma correcta, esta palabra no se le puede aplicar a ninguna cosa creada, y a nadie más que a Dios. Por eso, discutir sobre si el espacio es infinito o no sólo es jugar con palabras. La infinitud sólo puede pertenecer a Uno. No puede haber un segundo.

Cuando decimos que Dios es infinito, esto significa que Él *no conoce límites*. Cuanto Dios sea, y todo lo que Dios es, carece de límites. Aquí tenemos que alejarnos de nuevo del significado popular de las palabras. "Riqueza ilimitada" y "energía sin límites" son dos buenos ejemplos más del mal uso de las palabras. Por supuesto, no hay riqueza alguna que sea ilimitada, ni hay energía que no tenga límites, a menos que estemos hablando de la riqueza y la energía de Dios.

Una vez más, decir que Dios es infinito es decir que Él es *inconmensurable;* que no se le puede medir. La medida es la forma que tienen las cosas creadas de dar cuenta de sí mismas. Describe las limitaciones y las imperfecciones, y por tanto, no se le puede aplicar a Dios. El peso describe la fuerza de gravedad que ejerce la tierra sobre los cuerpos materiales; la distancia describe los intervalos que existen entre los cuerpos en el espacio; el largo significa la extensión en el espacio, y hay otras medidas familiares, como las usadas para los líquidos, la energía, el sonido, la luz y los números para las pluralidades. También tratamos de medir cualidades abstractas, y por eso hablamos de una fe grande o

---

1 Novaciano, *op. cit.*, pp. 26-27.

pequeña, una inteligencia grande o escasa, unos talentos notables o pobres.

¿No se ve con claridad total que nada de esto se aplica ni se puede aplicar a Dios? Ésta es la forma en la que vemos la obra de sus manos, pero no la forma en que lo vemos a Él. Él está por encima de todo esto, por fuera de ello, más allá de todo. Nuestros conceptos de medida comprenden a las montañas y a los hombres, a los átomos y a las estrellas, a la gravedad, la energía, los números, la velocidad, pero nunca a Dios. No podemos hablar de medida, o cantidad, o tamaño, o peso, y al mismo tiempo estar hablando de Dios, porque estas cosas hablan de grados, y en Dios no hay grados. Todo lo que Él es, lo es sin crecimiento, adición o desarrollo. No hay nada en Dios que sea menor o mayor, grande o pequeño. Él es lo que es, en sí mismo, sin pensamientos o palabras de tipo calificativo. Sencillamente, Él es Dios.

En el abrumador abismo del Ser divino podrían encontrarse atributos de los cuales nada sabemos, y que quizá no tengan significado alguno para nosotros, como los atributos de misericordia y de gracia carecen de sentido personal para los serafines o los querubines. Es posible que estos seres santos conozcan estas cualidades de Dios, pero no sean capaces de identificarse con ellas por la simple razón de que no han pecado, y por tanto, no han puesto en acción la misericordia y la gracia de Dios. Es posible que haya, y yo creo que los habrá con seguridad, otros aspectos del ser esencial de Dios que Él no ha revelado ni siquiera a sus hijos rescatados e iluminados por el Espíritu. Estas facetas escondidas de la naturaleza de Dios se refieren a su relación con nadie más que consigo mismo. Son como el otro lado de la luna, que sabemos que se halla allí, pero que nunca ha sido explorado y no tiene significado inmediato para los hombres en la tierra. No hay razón para que nosotros tratemos de descubrir lo que no ha sido revelado. Nos debe bastar con saber que Dios es Dios.

> Llenando para siempre tu propio ser con una llama en-
> cendida por sí misma, en ti mismo estás derramando uncio-
> nes sin nombre. Sin la adoración de las criaturas, sin un velo
> sobre tus rasgos, Dios siempre el mismo.
>
> *Frederick W. Faber*

Con todo, la infinitud de Dios nos pertenece y se nos da a conocer para nuestro provecho perdurable. Ahora bien, ¿*qué* significa exactamente para nosotros, más allá del simple asombro de pensar acerca de ello? Mucho en todos sentidos, y más cuando llegamos a conocernos a nosotros y conocer a Dios mejor.

Porque la naturaleza de Dios es infinita, todo lo que brota de ella es también infinito. Nosotros, pobres criaturas humanas, nos sentimos continuamente frustrados por las limitaciones que se nos imponen de dentro y de fuera. Los años de nuestra vida son pocos, y pasan con más rapidez que la lanzadera del tejedor. La vida es un ensayo corto y febril para un concierto que no nos podemos quedar para dar. Justamente cuando parecemos haber alcanzado alguna destreza, se nos obliga a dejar nuestro instrumento en el suelo. Sencillamente, no hay tiempo suficiente para pensar, para llegar a ser, para realizar aquello de lo que la constitución de nuestra naturaleza nos indica que somos capaces.

Qué tan satisfactorio es volvernos de nuestras limitaciones a un Dios que no tiene ninguna. En su corazón yacen años eternos. Para Él, el tiempo no pasa, sino que permanece, y los que están en Cristo comparten con Él todas las riquezas de un tiempo sin límites y unos años sin fin. Dios nunca se apresura. No tiene fechas límite para las obras que realiza. Sólo saber esto basta para aquietar nuestro espíritu y relajarnos los nervios. Para los que se hallan fuera de Cristo, el tiempo es una bestia devoradora; ante los hijos de la nueva creación, el tiempo se encoge, ronronea y les lame la mano. El enemigo de la vieja raza humana se convierte en amigo de la nueva, y las estrellas en su curso luchan por el hombre que Dios se deleita en honrar. Esto es lo que aprendemos de la infinitud divina.

Sin embargo, hay más aún. Los dones de Dios en la naturaleza tienen sus limitaciones. Son finitos, porque han sido creados, pero el don de la vida eterna en Cristo Jesús es tan ilimitado como Dios. El cristiano posee la vida del mismo Dios, y comparte con Él su infinitud. En Dios hay vida suficiente para todos, y tiempo suficiente para disfrutarla. Todo cuanto posee vida natural pasa por su ciclo desde el nacimiento hasta la muerte, y deja de ser, pero la vida de Dios vuelve sobre sí misma, y nunca cesa. Y ésta es la vida eterna: conocer al único Dios verdadero, y a Jesucristo, a quien Él ha enviado.

La misericordia de Dios también es infinita, y el hombre que ha sentido el acuciante dolor de la culpa interior sabe que esto es algo más que académico. "Cuando el pecado abundó, sobreabundó la gracia." La abundancia de pecado es el terror del mundo, pero la sobreabundancia de gracia es la esperanza de la humanidad. Por mucho que abunde el pecado, sigue teniendo sus límites, porque es producto de mentes y corazones finitos; pero la "sobreabundancia" divina nos introduce a la infinitud. Contra nuestra profunda enfermedad de criaturas, se alza la infinita capacidad de curación que tiene Dios.

El testimonio cristiano a lo largo de los siglos ha sido que "tanto amó Dios al mundo . . ."; nos falta ver ese amor a la luz de la infinitud divina. Su amor es inconmensurable. Es más todavía: no tiene límites. No tiene límites, porque no es una cosa, sino una faceta de la naturaleza esencial de Dios. Su amor es algo que Él *es,* y porque Él es infinito, ese amor puede envolver en sí mismo a todo el mundo creado y seguir teniendo lugar para diez mil veces diez mil mundos más.

Éste, éste es el Dios que adoramos, nuestro Amigo fiel e inmutable, cuyo amor es tan grande como su poder, y ninguno de los dos conoce medida ni fin. Es Jesús, el primero y el último, cuyo Espíritu nos guiará sanos y salvos al hogar; le alabaremos por todo lo que está en el pasado, y confiaremos en Él por cuanto está en el porvenir.

Joseph Hart

Capítulo 9

Dios es inmutable

Cristo, Señor nuestro, tú has sido nuestro lugar de habitación en todas las generaciones. Como las liebres a su roca, así hemos corrido hacia ti en busca de seguridad; como las aves en su vuelo, así hemos ido hacia ti en busca de paz. El azar y el cambio laboran sin cesar en nuestro pequeño mundo de naturaleza y hombres, pero en ti no encontramos variabilidad alguna, ni sombra de mutación. Descansamos en ti sin temor ni duda, y enfrentamos nuestro mañana sin ansiedad. *Amén.*

La inmutabilidad de Dios se encuentra dentro de esos atributos menos difíciles de entender, pero para captarla, necesitamos disciplinarnos para distinguir y apartar los pensamientos con los que acostumbramos pensar acerca de las cosas creadas, de los menos acostumbrados que surgen cuando tratamos de asirnos de cuanto pueda ser comprendido con respecto a Dios.

Decir que Dios es inmutable equivale a decir que Él nunca difiere de sí mismo. El concepto de un Dios creciente o en desarrollo no se halla en las Escrituras. Me parece imposible pensar que Dios pueda variar de sí mismo en forma alguna. He aquí por qué:

Para que un ser moral cambiase, sería necesario que el cambio se realizase en una de las tres direcciones siguientes. Debe ir de mejor a peor, o de peor a mejor; o bien, considerando que la calidad moral permanece estable, debe cambiar dentro de sí mismo, como de inmaduro a maduro, o de un orden del ser a otro. Debiera estar claro que Dios no se puede mover en ninguna de esas direcciones. Sus perfecciones descartan para siempre todas estas posibilidades.

Dios no puede cambiar para mejorar. Puesto que es perfectamente santo, nunca ha sido menos santo de lo que es ahora, y nunca podrá ser más santo de lo que es y ha sido siempre. Tampoco puede cambiar Dios para empeorar. Todo deterioro dentro de la naturaleza inefablemente santa de Dios es imposible. En realidad creo imposible hasta pensar en algo así, puesto que en el momento en que intentemos hacerlo, el objeto acerca del cual estemos pensando habrá dejado de ser Dios para ser algo distinto, y alguien inferior a Él. Aquél de quien estaremos pensando podrá ser una criatura grandiosa y maravillosa, pero por ser criatura, no puede ser el Creador existente en sí mismo.

Así como no puede haber mutación en el carácter moral de Dios, tampoco puede haber mutación alguna dentro de la esencia divina. El ser de Dios es exclusivo, en el único sentido de esa palabra; esto es, su ser es ajeno a todos los demás seres, y distinto a ellos. Hemos visto cómo Dios difiere de sus criaturas por ser autoexistente, autosuficiente y eterno. En virtud de estos atributos, Dios es Dios y no otro ser. El ser que pueda sufrir el más ligero grado de cambio, no será ni autoexistente, ni autosuficiente, ni eterno, y por tanto, no será Dios.

Sólo un ser compuesto por partes puede cambiar, porque el cambio consiste fundamentalmente en una alteración en la relación entre las partes de un todo, o la admisión de algún elemento extraño dentro de la composición original. Puesto que Dios es autoexistente, no es compuesto. En Él no hay partes que se puedan alterar. Además, puesto que es autosuficiente, nada puede entrar a su ser desde fuera.

"Todo lo que está compuesto por partes", dice Anselmo, "no es totalmente uno, sino que es plural en cierto sentido, y diverso de sí mismo; y ya sea de hecho o en concepto, es capaz de disolución. Estas cosas son ajenas a ti; mejor que tú, no es posible concebir nada. Por tanto, no hay partes en ti, Señor, ni eres tú más que uno. Pero tú eres en realidad un ser unitario, y tan idéntico a ti mismo, que de ninguna forma eres desigual a ti mismo; en lugar de esto, tú eres la unidad misma, a la que ningún concepto puede dividir."[1]

Todo cuanto Dios es, lo ha sido siempre, y todo lo que Él ha sido siempre y es, lo será para siempre. Nada que Dios haya dicho jamás acerca de sí mismo será modificado; nada de cuanto han dicho los profetas y apóstoles inspirados acerca de Él será rescindido. Su inmutabilidad lo garantiza.

La inmutabilidad de Dios aparece en su belleza más perfecta cuando se la contrasta con la mutabilidad de los hombres. En Dios no es posible cambio alguno; en los hombres es imposible escapar al cambio. Ni el hombre ni este mundo están fijos, sino que ambos se hallan en un fluir constante. Todos los hombres aparecen por un poco de tiempo para reír

1 San Anselmo, *op. cit.*, pp. 24-25.

y llorar, para trabajar y jugar, y después irse para dejarles lugar a los que le seguirán en el interminable ciclo.

Ciertos poetas han hallado un morboso placer en la ley de la impermanencia, y han cantado en clave menor el canto del perpetuo cambio. Omar, el fabricante de tiendas, cantó con patetismo y humor sobre la mutación y la mortalidad, las enfermedades gemelas que afligen a la humanidad. "No golpees con tanta dureza esa arcilla", exhorta al alfarero, "que pudieras estar golpeando el polvo de tu abuelo." "Cuando levantes la copa para beber el rojo vino", le recuerda al calavera, "pudieras estar besando los labios de alguna belleza muerta hace ya mucho tiempo."

Esta nota de dulce dolor, expresada con un humor delicado, les otorga una radiante belleza a sus cuartetos, pero, por hermoso que sea, este largo poema es algo enfermizo, enfermo de muerte. Como el ave hipnotizada por la serpiente que la va a devorar, el poeta está fascinado por el enemigo que lo está destruyendo a él, y también a todos los hombres, y a todas las generaciones de hombres.

También los escritores sagrados se enfrentan a la mutabilidad del hombre, pero son personas sanas, y hay una sana fortaleza en sus palabras. Han hallado la cura para la gran enfermedad. Dios, afirman, no cambia. La ley de la mutación pertenece a un mundo caído, pero Dios es inmutable, y en Él los hombres de fe hallan por fin la permanencia eterna. Mientras tanto, el cambio obra a favor de los hijos del reino; no contra ellos. Los cambios que tienen lugar en ellos son producidos por la mano del Espíritu que vive dentro de ellos. "Por tanto, nosotros todos", dice el apóstol, "mirando a cara descubierta como en un espejo la gloria del Señor, somos transformados de gloria en gloria en la misma imagen, como por el Espíritu del Señor."

En un mundo de cambio y decadencia, ni siquiera el hombre de fe puede estar feliz por completo. De manera instintiva, busca lo inmutable, y se lamenta ante el paso de las cosas familiares y queridas.

> Oh, Señor, tengo el corazón enfermo, enfermo
> de este cambio continuo; y la vida corre de manera
> tediosa con rapidez su incansable carrera por sus
> variados caminos; el cambio no encuentra en ti
> nada que se le parezca, y no despierta eco alguno
> en tu callada Eternidad.
>
> *Frederick W. Faber*

Estas palabras de Faber encuentran una respuesta comprensiva en cada corazón; con todo, por mucho que deploremos la falta de estabilidad de todas las cosas terrenales, en un mundo caído como éste, la *capacidad* misma de cambiar es un dorado tesoro, un don de Dios de un valor tan fabuloso, que nos exigiría una continua acción de gracias. Para los seres humanos, toda posibilidad de redención se encuentra en su capacidad de cambio. Pasar de un tipo de persona a otro es la esencia misma del arrepentimiento: el mentiroso se convierte en veraz, el ladrón en honrado, el lujurioso en puro, el orgulloso en humilde. Toda la textura moral de la vida queda alterada. Los pensamientos, los deseos y los afectos son transformados, y el hombre deja de ser lo que había sido antes. Tan radical es este cambio, que el apóstol llama "hombre viejo" al hombre que existía antes, y el hombre que existe ahora es el "nuevo, el cual conforme a la imagen del que lo creó, se va renovando hasta el conocimiento pleno".

Con todo, el cambio es más profundo y básico de lo que puedan revelar cualesquiera actos externos, porque también incluye la recepción de una vida de otra calidad más alta. El hombre viejo, aun en sus mejores momentos, sólo posee la vida de Adán; el hombre nuevo tiene la vida de Dios. Y esto es más que una simple forma de hablar; es literalmente cierto. Cuando Dios infunde la vida eterna en el espíritu de un hombre, ese hombre se convierte en miembro de un orden de seres nuevo y superior.

En la realización de sus procesos redentores, el Dios inmutable hace pleno uso del cambio, y por medio de una sucesión de cambios, llega por fin a la permanencia. En la epístola a los Hebreos es donde se muestra esto con mayor claridad. "Quita lo primero, para establecer esto último." Esto es una especie de resumen de la enseñanza de este notable libro. El pacto antiguo, como algo que era provisional, ha sido abolido, y el pacto nuevo y eterno ha tomado su lugar. La sangre de machos cabríos y de toros perdió su importancia cuando fue derramada la sangre del Cordero Pascual. La ley, el altar, el sacerdocio, eran todos temporales y sujetos a cambio; ahora, la ley eterna de Dios ha quedado grabada para siempre en el género vivo y sensible del que está compuesta el alma humana. El santuario antiguo ya no existe, pero el santuario nuevo es eterno en los cielos, y allí es donde el Hijo de Dios ejerce su sacerdocio eterno.

Vemos así que Dios usa el cambio como un humilde siervo para bendecir a su casa redimida, pero Él mismo se halla fuera de la ley de la mutación, y no es afectado por cambio alguno que tenga lugar en el universo.

>Y todas las cosas, mientras cambian, proclaman que el
>Señor es eternamente el mismo.

Carlos Wesley

De nuevo surge la cuestión de la utilidad. "¿Qué utilidad tiene para mí el saber que Dios es inmutable?", preguntará alguno. "¿Acaso no es todo esto una simple especulación metafísica, algo que les pueda proporcionar cierta satisfacción a las personas con un cierto tipo concreto de mente, pero que no puede tener importancia real para los hombres prácticos?"

Si llamamos "hombres prácticos" a los incrédulos enredados en los asuntos del mundo, e indiferentes a las exigencias de Cristo, el bienestar de su propia alma o los intereses del mundo por venir, entonces para ellos un libro como este carecerá por completo de sentido; también carecerán de sentido todos los demás libros que tomen la religión en serio. Sin embargo, aunque es posible que estos hombres sean mayoría, de ninguna manera componen el total de la población. Aún están los siete mil que no han doblado la rodilla ante Baal. Éstos creen que fueron creados para adorar a Dios, y para gozar por siempre de su presencia, y están ansiosos de aprender todo cuanto puedan acerca del Dios con el que esperan pasar la eternidad.

En este mundo donde los hombres nos olvidan, cambian sus actitudes hacia nosotros según les dicten sus intereses privados, y revisan su opinión acerca de nosotros por la causa más banal, ¿no es acaso una fuente de maravillosa fortaleza el saber que el Dios con el que tenemos que ver no cambia, que su actitud hacia nosotros ahora es la misma que tenía en la eternidad pasada, y tendrá en la eternidad por venir?

Cuánta paz trae al corazón cristiano el darse cuenta de que nuestro Padre celestial nunca difiere de sí mismo. Al llegarnos hasta Él en cualquier momento, no necesitamos preguntarnos si lo vamos a encontrar de buen humor. Él siempre está receptivo ante el sufrimiento y la necesidad, y también ante el amor y la fe. Él no tiene horas de oficina, ni aparta momentos en los cuales no quiere ver a nadie. Tampoco cambia su pensamiento con respecto a nada. Hoy, en este momento, siente hacia sus criaturas, hacia los infantes, los enfermos, los que han caído, los pecadores, lo mismo que sentía cuando envió a su Hijo unigénito al mundo para que muriese por la humanidad.

Dios nunca cambia de humor, ni se enfría en sus afectos, ni pierde el entusiasmo. Su actitud hacia el pecado es ahora la misma que era cuando echó al hombre pecador del huerto del oriente, y su actitud hacia el pecador es la misma que cuando extendió sus manos y clamó: "Venid a mí todos los que estáis trabajados y cargados, y yo os haré descansar." Dios no entra en componendas, ni necesita que se le presione. No es posible persuadirlo para que altere su Palabra, ni convencerlo para que responda a una oración egoísta. En todos nuestros esfuerzos por hallar a Dios, por agradarle, por tener comunión con Él, debemos recordar que todos los cambios nos corresponden a nosotros. "Yo Jehová no cambio." Todo lo que nos toca hacer es cumplir con sus términos presentados con tanta claridad, traer nuestra vida a la sintonía con su voluntad revelada, y su poder infinito comenzará de inmediato a operar a favor nuestro en la manera indicada en el evangelio, dentro de las Escrituras de la verdad.

Fuente del ser, Fuente del Bien, inmutable tú permaneces, y no puede la sombra de un cambio oscurecer las glorias de tu reino. La tierra se disolverá con todos sus poderes, si así lo dispone el gran Creador, pero tú por siempre eres el mismo; tu memorial sigue siendo YO SOY.

Tomado de Walker's Collection

Capítulo 10

Dios es omnisciente

Señor, tú conoces todas las cosas. Tú conoces cuando me siento y cuando me levanto, y todos mis caminos te son conocidos. No te puedo informar de nada, y es en vano tratar de esconderte nada. A la luz de tu perfecto conocimiento, quisiera ser tan desmañado como un niño pequeño. Ayúdame a dejar a un lado toda preocupación, porque tú conoces el camino que yo tomo, y cuando me hayas probado, saldré resplandeciente como el oro. *Amén.*

Decir que Dios es omnisciente es afirmar que Él posee un conocimiento perfecto, y por consiguiente, no tiene necesidad de aprender. También es decir que Dios nunca ha aprendido, ni tampoco puede aprender.

Las Escrituras enseñan que Dios nunca ha aprendido de nadie. "¿Quién enseñó al Espíritu de Jehová, o le aconsejó enseñándole? ¿A quién pidió consejo para ser avisado? ¿Quién le enseñó el camino del juicio, o le enseñó ciencia, o le mostró la senda de la prudencia?" "Porque ¿quién entendió la mente del Señor? ¿O quién fue su consejero?" Estas preguntas retóricas hechas por el profeta Isaías y el apóstol Pablo declaran que Dios nunca ha aprendido.

Desde aquí sólo hay un paso hasta la conclusión de que Dios no puede aprender. Si Dios pudiese en algún momento, o de alguna manera, recibir en su mente un conocimiento que no poseía, y no había poseído desde la eternidad, sería imperfecto, e inferior a sí mismo. Pensar en un Dios que tiene que sentarse a los pies de un maestro, aunque ese maestro sea un arcángel o un serafín, es pensar en otro que no es el Dios Altísimo, el hacedor del cielo y de la tierra.

Creo que este enfoque negativo de la omnisciencia divina está bien justificado por las circunstancias. Puesto que nuestro conocimiento intelectual de Dios es tan pequeño y oscuro, algunas veces podemos adquirir considerable ventaja en nuestra lucha por comprender cómo es Dios a través del simple medio de pensar en lo que Él *no es.* Hasta donde hemos adelantado en este examen de los atributos divinos, nos hemos visto impulsados a usar libremente de los negativos. Hemos visto que Dios no-tuvo origen, que no tuvo principio, que no necesita de ayudantes, que no sufre cambios y que en su ser esencial no hay límites.

Este método de tratar de hacer que los hombres vean cómo es Dios a base de mostrarles lo que Él no es, lo utilizan también los escritores inspirados de las Santas Escrituras. "¿No has sabido, no has oído", clama Isaías, "que el Dios eterno es Jehová, el cual creó los confines de la tierra? No desfallece, ni se fatiga con cansancio, y su entendimiento no hay quien lo alcance." También la abrupta declaración de Dios mismo: "Yo Jehová no cambio", nos dice más acerca de la omnisciencia divina que cuanto se podría decir en un tratado de diez mil palabras, si se eliminaran de forma arbitraria todos los negativos. El apóstol Pablo declara la veracidad eterna de Dios de manera negativa: "Dios . . . no puede mentir", y cuando el ángel afirmó que "para Dios no hay nada imposible", los negativos se unen para formar un resonante positivo.

Que Dios es omnisciente no sólo lo enseñan las Escrituras, sino que se debe deducir también de todo lo demás que se enseña con respecto a Él. Dios se conoce perfectamente a sí mismo, y por ser la fuente y el autor de todas las cosas, de aquí se sigue que conoce todo cuanto se pueda conocer, y lo conoce de manera instantánea y con una plenitud de perfección que incluye todos los datos de conocimiento posibles con respecto a todo lo que existe, o habría podido existir en cualquier lugar del universo en cualquier momento del pasado, o que puede llegar a existir en los siglos o las edades que aún faltasen por venir.

Dios conoce de manera instantánea, y sin esfuerzo alguno, toda la materia y todas las materias, toda la mente y todas las mentes, todo el espíritu y todos los espíritus, todo el ser y todos los seres, toda la creación y todas las criaturas, toda la pluralidad y todas las pluralidades, toda la ley y todas las leyes, todas las relaciones, todas las causas, todos los pensamientos, todos los misterios, todos los enigmas, todos los sentimientos, todos los deseos, cuanto secreto no haya sido pronunciado, todos los tronos y las dominaciones, todas las personalidades, todas las cosas, visibles e invisibles, en el cielo y en la tierra, el movimiento, el espacio, el tiempo, la vida, la muerte, el bien, el mal, el cielo y el infierno.

Puesto que Dios conoce todas las cosas perfectamente, no conoce ninguna cosa mejor que las demás, sino que conoce todas las cosas igualmente bien. Él nunca descubre nada. Nunca se sorprende, nunca se queda perplejo. Nunca se pregunta acerca de nada, ni busca información o hace preguntas (excepto cuando interroga a los hombres por su propio bien).

Dios tiene existencia en sí mismo, y se contiene a sí mismo, y conoce lo que ninguna criatura podrá conocer jamás: a sí mismo, y perfectamente. "Nadie conoció las cosas de Dios, sino el Espíritu de Dios." Sólo el Infinito puede conocer al Infinito.

En la omnisciencia divina vemos enfrentados el terror y la fascinación del ser divino. El hecho de que Dios conozca a cada persona total y completamente puede ser causa de un temor estremecedor para el hombre que tenga algo que esconder: algún pecado sin perdonar, algún delito secreto cometido contra el hombre o contra Dios. El alma que no ha sido bendecida pudiera muy bien temblar porque Dios conoce la inconsistencia de todo pretexto, y nunca acepta las pobres excusas presentadas por la conducta pecaminosa, puesto que Él conoce perfectamente su verdadera razón. "Pusiste nuestras maldades delante de ti, nuestros yerros a la luz de tu rostro." Qué cosa tan terrible es ver a los hijos de Adán tratando de esconderse entre los árboles de otro huerto. Con todo, ¿dónde podrían esconderse? "¿A dónde me iré de tu Espíritu? ¿Y a dónde huiré de tu presencia? . . . Si dijere: Ciertamente las tinieblas me encubrirán; aun la noche resplandecerá alrededor de mí. Aun las tinieblas no encubren de ti, y la noche resplandece como el día."

En cambio, para nosotros que hemos huido en busca de refugio para asirnos de la esperanza puesta ante nosotros en el Evangelio, qué inefablemente dulce es el conocimiento de que nuestro Padre celestial nos conoce por completo. Ningún enredador nos puede delatar ante Él; ningún enemigo puede hacer que valga su acusación; ningún pasado vergonzoso puede salir dando tumbos de algún escondido rincón para humillarnos y revelar nuestro pasado; ninguna debilidad insospechada de nuestra personalidad puede salir a la luz para hacer que Dios se aparte de nosotros, puesto que Él nos conocía por completo antes que nosotros lo conociésemos a Él, y nos llamó a sí mismo con pleno conocimiento de todo lo que existía en contra nuestra. "Porque los montes se moverán, y los collados temblarán, pero no se apartará de ti mi misericordia, ni el pacto de mi paz se quebrantará, dijo Jehová, el que tiene misericordia de ti."

Nuestro Padre celestial conoce lo que somos, y recuerda que fuimos tomados del polvo. Él conocía nuestra perfidia innata, y se dedicó a salvarnos (Isaías 48:8-11). Su Hijo unigénito, cuando caminaba entre nosotros, sintió nuestros dolores en toda su angustiosa intensidad. Su conocimiento de nuestras aflicciones y adversidades es más que teórico; es personal, cálido y compasivo. Cualquiera que sea nuestra situación, Dios sabe las cosas y tiene un interés en nosotros que nadie más tiene.

> Él da su gozo a todos; Él se convierte en un pequeño infante; Él se convierte en un asombroso hombre; Él siente también nuestro dolor.
>
> No pienses que puedes suspirar una vez sin que tu Hacedor esté junto a ti; no pienses que puedes derramar una lágrima sin que tu Hacedor se halle cerca de ti.
>
> Él nos da su gozo, para poder destruir nuestras angustias; hasta que nuestra angustia huya y desaparezca, Él se sienta a gemir junto a nosotros.

William Blake

Capítulo 11

Dios es sabio

Tú, Cristo, que fuiste tentado en todas las cosas como lo somos nosotros, y sin embargo sin pecado, haznos fuertes para vencer el afán de ser sabios y ser llamados sabios por otros tan ignorantes como nosotros. Nos alejamos de nuestra propia sabiduría y también de nuestra necedad, y huimos hacia ti, que eres la sabiduría de Dios y el poder de Dios. *Amén.*

En este breve estudio de la sabiduría divina comenzamos por la fe en Dios. Siguiendo nuestra pauta acostumbrada, no vamos a tratar de comprender para poder creer, sino de creer a fin de poder comprender. De aquí que no busquemos pruebas de que Dios es sabio. La mente incrédula no se convencería con ninguna prueba, y el corazón que adora no necesita de ellas.

"Sea bendito el nombre de Dios de siglos en siglos", clamó el profeta Daniel, "porque suyos son el poder y la sabiduría . . . Da la sabiduría a los sabios, y la ciencia a los entendidos. Él revela lo profundo y lo escondido; conoce lo que está en tinieblas, y con él mora la luz." El creyente responde a esto, y al coro angélico: "La bendición y la gloria y la sabiduría y la acción de gracias y la honra y el poder y la fortaleza, sean a nuestro Dios por los siglos de los siglos." A este hombre nunca se le ocurre que Dios tenga que presentar pruebas de su sabiduría o de su poder. ¿Acaso no basta con que sea Dios?

Cuando la teología cristiana declara que Dios es sabio, esto significa muchísimo más de lo que dice o puede decir, porque trata de hacer que una palabra comparativamente débil lleve en sí una incomprensible plenitud de significado que amenaza con destrozarla y aplastarla bajo el simple peso de la idea. "Su entendimiento es infinito", dice el salmista. Aquí es ni más ni menos que la infinitud lo que la teología está luchando por expresar.

Puesto que la palabra *infinito* describe a lo que es único, no puede tener modificadores. No decimos "más único", ni "muy infinito". Ante la infinitud, permanecemos en silencio.

En realidad existe una sabiduría creada secundaria, que Dios ha dado a sus criaturas, como su bien más alto lo exija; pero la sabiduría de cualquier criatura, o de todas las criaturas, cuando se compara con la sabiduría sin límites de Dios, queda ridículamente pequeña. Por esa razón, el apóstol habla correctamente cuando se refiere a Dios como el "único y sabio Dios". Es decir, Dios es sabio en sí mismo, y toda la brillante sabiduría de hombres y ángeles no es más que un reflejo de esa refulgencia increada que fluye desde el trono de la Majestad en los cielos.

La idea de Dios como infinitamente sabio se halla en la raíz de toda verdad. Es un dato de fe necesario para la solidez de todas las demás creencias sobre Dios. Por supuesto, siendo lo que es sin necesidad de las criaturas, nuestras opiniones sobre Dios no le afectan, pero nuestra cordura moral exige que le atribuyamos al hacedor y sostenedor del universo una sabiduría totalmente perfecta. Negarse a hacer esto equivale a traicionar aquello mismo que está en nosotros y nos distingue de las bestias.

En las Santas Escrituras, la sabiduría, cuando se refiere a Dios y a los hombres buenos, siempre lleva en sí una fuerte connotación moral. Es concebida como pura, amorosa y buena. La sabiduría que es simple astucia se les atribuye con frecuencia a los hombres malvados, pero ese tipo de sabiduría es traicionero y falso. Estos dos tipos de sabiduría se hallan en un conflicto perpetuo entre ellos. En realidad, cuando se la contempla desde las alturas del Sinaí o del Calvario, se descubre que toda la historia del mundo no es más que una competencia entre la sabiduría de Dios y la astucia de Satanás y de los hombres caídos. El resultado final de la competencia no deja lugar a dudas. Al final, lo imperfecto deberá caer ante lo perfecto. Dios ha advertido que él tomará a los sabios en sus propias artimañas, y reducirá a la nada la comprensión de los prudentes.

Entre otras cosas, la sabiduría es la capacidad de planificar metas perfectas y llegar a esas metas por los medios más perfectos. Ve el final desde el principio, de manera que no haya necesidad de adivinar o conjeturar. La sabiduría lo ve todo dentro de foco, cada parte en su relación correcta con el todo, y así es capaz de trabajar por lograr las metas prefijadas con una precisión impecable.

Todo cuanto Dios hace es hecho en perfecta sabiduría, en primer lugar para su propia gloria, y en segundo lugar para el mayor bien del número mayor posible y por el tiempo más largo posible. Además, todos sus actos son tan puros como sabios, y tan buenos como sabios y puros. No sólo no se podrían realizar mejor sus actos; no se podría ni siquiera imaginar una manera mejor de realizarlos. Un Dios infinitamente sabio deberá obrar de una manera que no permita mejora de parte de sus criaturas finitas. Señor, cuán numerosas son tus obras. En tu sabiduría las has hecho todas. La tierra está llena de tus riquezas.

Sin la creación, la sabiduría de Dios habría permanecido encerrada para siempre en el abismo insondable de la naturaleza divina. Dios trajo a sus criaturas a la existencia para disfrutar de ellas, y para que ellas se regocijen en Él. "Y vio Dios todo lo que había hecho, y he aquí que era bueno en gran manera."

A lo largo de los siglos, muchos se han declarado incapaces de creer en la sabiduría básica de un mundo donde hay tanto que parece andar mal. Voltaire, en su *Candide,* presenta a un optimista decidido, al que llama doctor Pangloss, y pone en boca de él todos los argumentos a favor de la filosofía del "mejor de todos los mundos posibles". Por supuesto, el cínico francés se deleitó mucho en poner al viejo profesor en situaciones que hicieran que su filosofía quedara en ridículo.

En cambio, el concepto cristiano de la vida es totalmente más realista que el del doctor Pangloss, con su "razón suficiente". Es el concepto de que éste no es, por el momento, el mejor de todos los mundos posibles, sino un mundo que yace bajo la sombra de una gigantesca calamidad: la Caída del hombre. Los escritores inspirados insisten en que toda la creación gime hoy como con dolores de parto, bajo la poderosa sacudida de la Caída. No intentan proporcionar "razones suficientes"; afirman que la "creación fue sujetada a vanidad, no por su propia voluntad, sino por causa del que la sujetó en esperanza". No hay aquí esfuerzo alguno por justificar los caminos de Dios con los hombres; sólo una sencilla declaración sobre los hechos. El ser de Dios constituye su propia defensa.

Con todo, hay esperanza para todas nuestras lágrimas. Cuando llegue la hora del triunfo de Cristo, el mundo que sufre entrará a la gloriosa libertad de los hijos de Dios. Para los hombres de la nueva creación, la edad de oro no es cosa del pasado, sino del futuro, y cuando comience, un universo maravillado verá que Dios ha abundado ciertamente hacia nosotros en toda sabiduría y prudencia. Mientras tanto, apoyamos nuestra esperanza en el único y sabio Dios, nuestro Salvador, y esperamos con paciencia el lento desarrollo de sus benignos propósitos.

A pesar de las lágrimas, el dolor y la muerte, creemos que el Dios que nos hizo a todos es infinitamente sabio y bueno. Así como Abraham no vaciló con incredulidad ante las promesas de Dios, sino que fue fuerte en la fe, dando la gloria a Dios, y estuvo plenamente persuadido de que cuanto Él había prometido, era capaz de realizarlo, así también nosotros basamos nuestra esperanza en Dios solamente, y esperamos contra toda esperanza, hasta que apunte el nuevo día. Descansamos en *lo que Dios es*. Creo que sólo esta fe es la verdadera. Toda fe que necesite el apoyo de las evidencias de los sentidos no es una fe real. "Jesús le dijo: Porque me has visto, Tomás, creíste; bienaventurados los que no vieron, y creyeron."

El testimonio de la fe es que, como quiera que se vean las cosas en este mundo caído, todos los actos de Dios son realizados en perfecta sabiduría. La encarnación del Hijo Eterno fue una de las poderosas obras de Dios, y podemos estar seguros de que esta grandiosa obra fue realizada con una perfección sólo posible para el Infinito. "E indiscutiblemente, grande es el misterio de la piedad: Dios fue manifestado en carne."

La expiación fue realizada también con la misma habilidad impecable que marca todos los actos de Dios. Por poco que comprendamos todo esto, sabemos que la obra expiatoria de Cristo reconcilió perfectamente a Dios con el hombre, y les abrió el reino de los cielos a todos los creyentes. Nuestra obligación no es explicar, sino proclamar. En realidad, me pregunto si Dios podría lograr que comprendiésemos todo lo que pasó allí en la cruz. Según el apóstol Pedro, ni siquiera los ángeles lo saben, por más ansiosamente que anhelen mirar dentro de estas cosas.

La operación del evangelio, el nuevo nacimiento, la venida del Espíritu divino a la naturaleza humana, la derrota definitiva del mal y el establecimiento final del reino justo de Cristo: todas estas cosas han brotado y siguen brotando de la infinita plenitud de la sabiduría divina. Los ojos más aguzados del observador más santo entre la bienaventurada compañía de las alturas no son capaces de descubrir un solo defecto en las formas en que Dios ha convertido todo esto en realidad, ni toda la sabiduría de los serafines y los querubines junta es capaz de sugerir de qué manera se pudiese mejorar el procedimiento divino. "He entendido que todo lo que Dios hace será perpetuo; sobre aquello no se añadirá, ni de ello se disminuirá; y lo hace Dios, para que delante de él teman los hombres."

Es de vital importancia que sostengamos la verdad de la sabiduría divina como un principio doctrinal de nuestro credo; pero no basta. Por medio del ejercicio de la fe y de la oración, debemos llevarlo al mundo práctico de nuestra experiencia cotidiana.

Creer activamente que nuestro Padre celestial extiende constantemente alrededor de nosotros circunstancias providenciales que obran para nuestro bien presente y para nuestro bienestar eterno es algo que trae al alma una verdadera bendición. La mayoría vamos por la vida orando un poco, planificando otro poco, compitiendo por posiciones, esperando, pero nunca totalmente seguros de nada, y siempre secretamente temerosos de extraviarnos. Esto es un trágico desperdicio de la verdad, y nunca le da descanso al corazón.

Hay un camino mejor. Es el de repudiar nuestra propia sabiduría para tomar a cambio la sabiduría infinita de Dios. Nuestra insistencia en el deseo de ver lo que hay por delante es bastante natural, pero es un verdadero obstáculo para nuestro progreso espiritual. Dios ha cargado sobre sí toda la responsabilidad por nuestra felicidad eterna, y está listo para tomar el control de nuestra vida en el mismo momento en que nos volvamos en fe hacia Él. He aquí su promesa: "Y guiaré a los ciegos por camino que no sabían, les haré andar por sendas que no habían conocido; delante de ellos cambiaré las tinieblas en luz, y lo escabroso en llanura. Estas cosas les haré, y no los desampararé."

> Deja que Él te lleve adelante con los ojos vendados; el amor no necesita saber. Los niños a quienes su Padre guía no preguntan dónde van. Aunque el sendero sea totalmente desconocido, sobre pantanos y montañas solitarias."
>
> *Gerhard Tersteegen*

Dios nos exhorta constantemente a confiar en Él en medio de la oscuridad. "Yo iré delante de ti, y enderezaré los lugares torcidos; quebrantaré puertas de bronce, y cerrojos de hierro haré pedazos; y te daré los tesoros escondidos, y los secretos muy guardados, para que sepas que yo soy Jehová, el Dios de Israel, que te pongo nombre."

Es animador saber cuántas de las poderosas obras de Dios fueron hechas en secreto, lejos de la inquisitiva mirada de hombres y ángeles.

Cuando Dios creó los cielos y la tierra, había oscuridad sobre la faz de los abismos. Cuando el Hijo Eterno se hizo carne, fue llevado por un tiempo en la oscuridad del vientre de una dulce virgen. Cuando murió por la vida del mundo, lo hizo en la oscuridad, sin que nadie viese el final. Cuando resucitó de entre los muertos, era "muy de mañana". Nadie lo vio resucitar. Es como si Dios estuviese diciendo: "Lo que yo soy es todo lo que te debe importar, porque es allí donde se apoyan tu esperanza y tu paz. Yo haré lo que dispongo hacer, y todo saldrá finalmente a la luz, pero cómo lo haga, es secreto mío. Confía en mí y no temas."

Con la bondad de Dios deseando nuestro bienestar más elevado, la sabiduría de Dios para planearlo y el poder de Dios para lograrlo, ¿qué nos falta? Ciertamente, somos las más favorecidas de todas las criaturas.

En todos los grandes planes de nuestro Hacedor,
la omnipotencia brilla junto a la sabiduría; sus
obras, a través de todo este maravilloso marco,
declaran la gloria de su nombre.

Thomas Blacklock

Capítulo 12
Dios es omnipotente

Padre celestial, te hemos oído decir: "Yo soy el Dios Todopoderoso; anda delante de mí y sé perfecto." Con todo, a menos que tú nos capacites por la sobreabundante grandeza de tu poder, ¿cómo podremos nosotros, que somos débiles y pecadores por naturaleza, caminar por un camino de perfección? Concédenos aprender a conocer la obra del gran poder que obraste en Cristo cuando tú lo levantaste de entre los muertos y lo sentaste a tu propia derecha en los lugares celestiales. *Amén.*

En el momento en que tuvo su visión, Juan el Revelador oyó algo que parecía el sonido de una gran multitud, y como la voz de muchas aguas, y como el retumbar de muchos truenos que resonaran por todo el universo; y lo que esa voz proclamaba era la soberanía y la omnipotencia de Dios: "¡Aleluya, porque el Señor nuestro Dios Todopoderoso reina!"

La soberanía y la omnipotencia tienen que ir juntas. La una no puede existir sin la otra. Para reinar, Dios debe tener poder, y para reinar soberanamente, debe tener todo el poder. Eso es precisamente lo que significa la palabra *omnipotente:* que tiene todo poder. La palabra es de origen latino, y es idéntica en significado a la más familiar *todopoderoso,* formada por vocablos castellanos. Esta última palabra aparece veintisiete veces en la versión Reina-Valera, generalmente en forma de título, y nunca se usa para referirse a otro que no sea Dios. Sólo Él es el Todopoderoso.

Dios posee lo que ninguna criatura puede poseer: una inabarcable plenitud de poder; una potencia que es absoluta. Sabemos esto por revelación divina, pero una vez sabido, lo reconocemos como algo que está totalmente de acuerdo con la razón. Concedamos que Dios es infinito y que tiene existencia en sí mismo, y de inmediato veremos que también tiene que ser todopoderoso, y la razón se arrodillará para adorar ante la omnipotencia divina.

"De Dios es el poder", dice el salmista, y el apóstol Pablo declara que la naturaleza misma da evidencias del poder eterno del Ser divino (Romanos 1:20). A partir de ese conocimiento, razonamos de esta forma con respecto a la omnipotencia de Dios: Dios tiene poder. Puesto que Dios es también infinito, todo lo que Él tenga debe carecer de límites; por tanto, Dios tiene un poder ilimitado. Es omnipotente. Vemos además que Dios, el Creador autoexistente, es la fuente de todo el poder que existe, y puesto que una fuente debe ser al menos igual a todo cuanto emana de ella, por fuerza, Dios es igual a todo el poder que existe, y esto equivale nuevamente a decir que Él es omnipotente.

Dios ha delegado el poder en sus criaturas, pero al ser suficiente en sí mismo, no puede renunciar a nada en sus perfecciones, y siendo el poder una de ellas, nunca ha renunciado al más ínfimo ápice de su poder. Lo da, pero sin desprenderse de él. Y todo lo que Él da, sigue siendo suyo y regresa a Él de nuevo. Él debe permanecer para siempre lo que siempre ha sido: el Señor Dios omnipotente.

No es posible leer por largo tiempo las Escrituras sin observar la radical disparidad entre la manera de ver las cosas que tenían los hombres de la Biblia, y la del hombre moderno. Hoy día estamos sufriendo de una mentalidad secularizada. Donde los escritores sagrados veían a Dios, nosotros vemos las leyes de la naturaleza. Su mundo estaba plenamente poblado; el nuestro está casi vacío. Su mundo era vivo y personal; el nuestro es impersonal y muerto. Dios gobernaba su mundo; el nuestro es gobernado por las leyes de la naturaleza y nosotros siempre permanecemos alejados de la presencia de Dios.

¿Y cuáles son estas leyes de la naturaleza que han desplazado a Dios en la mente de millones? La ley tiene dos significados. Uno es el de una norma externa que la autoridad obliga a cumplir, como la norma corriente contra el robo y el asalto. También se usa esta palabra para hablar de la manera uniforme en que actúan las cosas en el universo, pero este segundo uso de la palabra es erróneo. Lo que vemos en la naturaleza no es otra cosa que los senderos que toman el poder y la sabiduría de Dios a través de la creación. Propiamente dichos, se trata de fenómenos, no de leyes, pero los llamamos leyes por analogía con las leyes arbitrarias de la sociedad.

La ciencia observa la forma en que opera el poder de Dios, descubre una pauta constante en algún lugar, y la fija como "ley". La uniformidad de las actividades de Dios en su creación le permite al científico predecir el curso de los fenómenos naturales. El hecho de que la conducta de Dios en este mundo sea digna de confianza, es el fundamento de toda verdad científica. Sobre ella apoya el científico su fe, y a partir de ese punto, procede a lograr cosas grandes y útiles en campos como la navegación, la química, la agricultura y las artes médicas.

En cambio, la religión, por su parte, regresa de la naturaleza a Dios. No le interesan las huellas de Dios en los senderos de la creación, sino Aquél que anda por esos senderos. El interés primordial de la religión es Aquél que es la fuente de todas las cosas; el amo de todos los fenómenos. A Él, la filosofía le aplica diversos nombres, el más horrendo de cuantos yo haya visto es el proporcionado por Rudolf Otto: "La tensión activa, nunca en descanso, gigante y absoluta del mundo."[1] Al cristiano le deleita recordar que esta "tensión del mundo" dijo una vez "yo soy", y que el más grande de todos los maestros les indicó a sus discípulos que se dirigiesen a Él como a un ser personal: "Vosotros, pues, oraréis así: Padre nuestro que estás en los cielos, santificado sea tu nombre." Los hombres de la Biblia mantenían en todas partes su comunión con el "absoluto gigantesco" en un lenguaje tan personal como lo permite el habla humana, y con Él tanto el profeta como el santo caminaron en un arrebatamiento de consagración cálido, íntimo y profundamente satisfactorio.

La omnipotencia no es un nombre que le damos a la suma de todo el poder, sino un atributo de un Dios personal del que creemos los cristianos que es el Padre de nuestro Señor Jesucristo y de todos los que creen en Él para vida eterna. El adorador encuentra en este conocimiento una fuente maravillosa de fuerza para su vida interior. Su fe se levanta para dar el gran salto al frente y entrar en comunión con Aquél que puede hacer cuanto decide hacer; para quien nada es difícil ni difícil, porque posee el poder absoluto.

Puesto que tiene bajo sus órdenes a todo el poder del universo, el Señor Dios omnipotente puede hacer cualquier cosa con la facilidad más absoluta. Todos sus actos son realizados sin esfuerzo alguno. Él no tiene un gasto de energía que tenga que recuperar después. Su autosuficiencia hace innecesario que busque fuera de sí mismo la renovación de su fortaleza. Todo el poder necesario para hacer cuanto Él decide hacer se

---

1 Rudolf Otto, *The Idea of the Holy* (Nueva York: Oxford University Press, 1958), p. 24.

encuentra en una plenitud imposible de disminuir dentro de su propio ser infinito.

El pastor presbiteriano A. B. Simpson, al aproximarse a su mediana edad, con la salud quebrantada, profundamente abatido y listo para dejar el ministerio, acertó a escuchar el sencillo himno espiritual afroamericano que dice: "Nada es demasiado duro para Jesús; ningún hombre puede trabajar como Él." Su mensaje se le clavó como una flecha en el corazón, llevando fe, esperanza y vida a su cuerpo y a su alma. Buscó un lugar de retiro, y después de una temporada a solas con Dios, se levantó sobre sus pies, totalmente curado, y siguió adelante con plenitud de gozo, para fundar una organización que con el tiempo se ha convertido en una de las mayores sociedades de misiones en el extranjero del mundo. Durante treinta y cinco años después de ese encuentro con Dios, trabajó prodigiosamente al servicio de Cristo. Su fe en el Dios del poder ilimitado le dio toda la fortaleza que necesitaba para seguir adelante.

> Todopoderoso, me inclino en el polvo ante ti,
> como se inclinan velados los querubines. En calmada y tranquila consagración te adoro, totalmente sabio y siempre presente Amigo. Tú le has dado a la tierra su manto esmeralda o la has cubierto con una cortina de nieve, y el sol resplandeciente, y la suave luna en el cielo, se inclinan ante tu presencia.
>
> *Sir John Bowring*

Capítulo 13

Dios es trascendente

Señor, Señor nuestro, no hay nadie como tú en las alturas de los cielos ni en la tierra debajo de ellos. Tuyas son la grandeza y la dignidad y la majestad. Todo lo que hay en el cielo y en la tierra es tuyo; tuyos son el reino, y el poder, y la gloria por siempre, oh Dios, y tú eres exaltado como cabeza de todo. *Amén.*

Cuando hablamos de Dios como trascendente, queremos decir que Él es exaltado muy por encima del universo creado; tan por encima, que el pensamiento humano no es capaz de imaginárselo.

No obstante, para pensar con exactitud acerca de esto, necesitamos tener presente que "muy por encima" no se refiere aquí a una distancia física con respecto a la tierra, sino a la calidad del ser. No nos interesan la situación en el espacio, ni la simple altitud, sino la vida.

Dios es espíritu, y para Él la magnitud y la distancia carecen de sentido. Para nosotros son útiles como analogías, y por eso Dios se refiere a ellas cuando se rebaja para hablarle a nuestro limitado entendimiento. Las palabras de Dios que aparecen en el libro de Isaías, "Así dijo el Alto y Sublime, el que habita la eternidad", dan una clara impresión de altitud, pero se debe a que habitamos en un mundo de materia, espacio y tiempo, y tenemos la tendencia a pensar en términos materiales, de manera que sólo podemos captar las ideas abstractas cuando se las identifica de alguna forma con cosas materiales. En su lucha por librarse de la tiranía del mundo natural, el corazón humano debe aprender a traducir a un nivel superior el lenguaje que usa el Espíritu para instruirnos.

Es el espíritu el que le da significación a la materia, y sin el espíritu, nada tiene valor alguno. Se aleja una niña pequeña de un grupo de excursionistas y se pierde en medio de la montaña, y de inmediato, toda la perspectiva mental de los miembros de la excursión cambia. La extasiada admiración por la grandeza de la naturaleza deja paso a una fuerte angustia por causa de la niña perdida. El grupo se dispersa por toda la montaña llamando ansiosamente a la niña, y buscando afanosamente en todo rincón apartado donde podría estar escondida la pequeña.

¿Qué ha producido este cambio tan súbito? Allí sigue la montaña llena de árboles, erguida entre las nubes en su asombrosa belleza, pero nadie se da cuenta de ella ahora. Toda la atención se centra en la búsqueda de una pequeña niña de pelo rizado que todavía no tiene ni dos años de edad y pesa poco más de doce kilos. Aunque tan jovencita y tan pequeña, es más valiosa para sus padres y amigos que toda la inmensa mole de la grandiosa y antigua montaña que habían estado admirando sólo unos minutos antes. Y todo el mundo civilizado está de acuerdo con su juicio, porque aquella niña pequeña es capaz de amar, reír, hablar y orar, y la montaña no. Es la calidad del ser de la niña lo que le da su valor.

No obstante, no debemos comparar el ser de Dios con ningún otro, así como no podemos comparar a la niña con la montaña. No debemos pensar que Dios es el más alto dentro de un orden ascendente de seres que comienza con la célula simple y va pasando del pez al ave, al animal, al hombre, al ángel, al querubín y por fin a Dios. Esto sería concederle a Dios la eminencia, incluso la preeminencia; pero eso no basta. Le debemos conceder la *trascendencia,* en el significado más pleno de esta palabra. Dios permanece distinto para siempre, en una luz inalcanzable. Él está tan por encima de un arcángel, como de una oruga, porque al fin y al cabo, el abismo que separa al arcángel de la oruga no es más que un abismo finito. La oruga y el arcángel, aunque tan distantes la una del otro en la escala de los seres creados, son sin embargo uno, en el hecho de que ambos son creados. Ambos están situados dentro de la categoría de "aquello que no es Dios", y los separa de Dios la infinitud misma.

La reserva y la compulsión luchan para siempre dentro del corazón que quisiera hablar sobre Dios.

> ¿Cómo se van a atrever los mortales tan impuros
> a cantar tu gloria y tu gracia? Muy por debajo de
> tus pies nos encontramos, y no vemos más que
> sombras de tu rostro.
>
> *Isaac Watts*

Con todo, nos consolamos con el conocimiento de que es Dios mismo quien pone en nuestro corazón el anhelo de buscarle y hace posible en cierto grado que lo conozcamos, y se complace hasta en el más débil esfuerzo por parte nuestra por darle a conocer.

Si alguno de los vigilantes, o de los santos que han pasado siglos de felicidad junto al mar de fuego viniera a la tierra, cuán insignificante le sería la incesante charla de las agitadas tribus de los hombres. Cuán extrañas y vacías sonarían para él las insulsas e inútiles palabras que se acostumbra escuchar en los púlpitos. Y si alguien así hablase en la tierra, ¿acaso no hablaría sobre Dios? ¿No encantaría y fascinaría a sus oyentes con arrebatadas descripciones del Ser divino? Y después de escucharle, ¿podríamos consentir de nuevo en escuchar algo inferior a la teología, la doctrina sobre Dios? A partir de aquel momento, ¿no les exigirían a los que presumen de enseñarnos que nos hablasen desde el monte de la visión divina, o de lo contrario, permaneciesen totalmente callados?

Cuando el salmista vio la transgresión del malvado, su corazón le dijo cómo podía ser esto posible. "No hay temor de Dios delante de sus ojos", explicaría, y al decirlo, nos revelaría la psicología del pecado. Cuando los hombres dejan de temer a Dios, quebrantan sus leyes sin vacilación alguna. El temor a las consecuencias no es impedimento cuando se ha perdido el temor de Dios.

En la antigüedad se decía de los hombres de fe que "caminaban en el temor de Dios" y que "servían al Señor con temor". Por íntima que fuera su comunión con Dios, por osadas que fueran sus oraciones, en la base de su vida religiosa se hallaba el concepto de Dios como digno de temor reverente. Esta idea del Dios trascendente se encuentra en toda la Biblia y le da color a la personalidad de los santos. Ese temor de Dios era más que una aprensión natural al peligro; era un temor no racional, una aguda sensación de insuficiencia en la presencia de Dios.

Cada vez que Dios se les aparecía a los hombres en los tiempos de la Biblia, las consecuencias eran las mismas: una sobrecogedora sensación de terror y consternación, un angustioso sentir de pecado y de culpa. Cuando Dios hablaba, Abram se extendía con el rostro en tierra para escucharlo. Cuando Moisés vio al Señor en la zarza ardiente, escondió el rostro con temor de mirar a Dios. La visión de Dios que tuvo Isaías le arrancó un grito: "¡Ay de mí! que soy muerto", y una confesión: "porque siendo hombre inmundo de labios . . . han visto mis ojos al Rey".

Es probable que el encuentro de Daniel con Dios fuera el más maravilloso de todos. El profeta levantó los ojos y vio a Uno cuyo "cuerpo era como de berilo, y su rostro parecía un relámpago, y sus ojos como antorchas de fuego, y sus brazos y sus pies como de color de bronce bruñido, y el sonido de sus palabras como el estruendo de una multitud".

Después escribiría: "Y sólo yo, Daniel, vi aquella visión, y no la vieron los hombres que estaban conmigo, sino que se apoderó de ellos un gran temor, y huyeron y se escondieron. Quedé, pues, yo solo, y vi esta gran visión, y no quedó fuerza en mí, antes mi fuerza se cambió en desfalle-cimiento, y no tuve vigor alguno. Pero oí el sonido de sus palabras; y al oír el sonido de sus palabras, caí sobre mi rostro en un profundo sueño."

Esas experiencias señalan que una visión de la trascendencia divina termina pronto todas las controversias entre el hombre y su Dios. La discusión se va del hombre que queda listo, junto con el vencido Saulo, para preguntar mansamente: "Señor, ¿qué quieres que yo haga?" Al contrario de esto, la seguridad en ellos mismos que sienten los cristianos modernos, la ligereza que está presente en tantas de nuestras reuniones religiosas, la asombrosa falta de respeto que se muestra por la Persona de Dios, son evidencias suficientes de la profunda ceguera del corazón. Muchos se dicen cristianos, hablan mucho acerca de Dios, y hasta oran algunas veces, pero es evidente que no saben quién es Él. "El temor del Señor es una fuente de vida", y apenas se encuentra entre los cristianos.

En cierta ocasión, mientras conversaba con su amigo Eckermann, el poeta Goethe se volvió hacia el tema de los pensamientos religiosos y habló del abuso del nombre divino. "La gente lo trata", le dijo, "como si ese Ser incomprensible y altísimo, que está incluso más allá del alcance del pensamiento, sólo fuera su igual. Si así no fuera, no dirían 'el Señor Dios, el querido Dios, el buen Dios'. Esta expresión se vuelve para ellos, especialmente para los clérigos, que lo tienen a diario en la boca, una simple frase, un nombre estéril al que no va unido pensamiento alguno. Si se sintiesen impresionados por su grandeza, quedarían mudos, y de tanta veneración, no estarían dispuestos ni a nombrarlo."[1]

> Señor de todo ser, lejano en tu trono; tu gloria arde desde el sol y la estrella; centro y alma de cada esfera, y sin embargo, cuán cercano para cada corazón amante. Señor de toda vida, cuya luz es verdad, cuyo calor es amor; ante tu trono siempre resplandeciente, no pedimos resplandor ninguno para nosotros.
>
> *Oliver Wendell Holmes*

---

1 Johann Peter Eckermann, *Conversations with Eckermann* (Washington y Londres: M. Walter Dunn, 1901), p. 45.

Capítulo 14

Dios es omnipresente

Nuestro Padre, sabemos que tú estás presente entre nosotros, pero nuestro conocimiento no es más que una figura y sombra de la verdad, y tiene poco del sabor espiritual y la dulzura interna que un conocimiento así debiera proporcionar. Esto es para nosotros una gran pérdida y la causa de gran debilidad de corazón. Ayúdanos a hacer de inmediato tantas enmiendas de vida como sean necesarias, antes de poder experimentar el verdadero significado de las palabras "En tu presencia hay plenitud de gozo". *Amén.*

La palabra *presente* significa *aquí, cerca de, junto a,* mientras que el prefijo *omni* le da universalidad. Dios está aquí, en todas partes, cercano a todo, junto a todos.

Son pocas las otras doctrinas enseñadas en las Escrituras con una claridad mayor que la doctrina de la omnipresencia divina. Los pasajes que apoyan esta verdad son tan claros que haría falta un considerable esfuerzo para torcer su sentido. Declaran que Dios es inmanente a su creación; que no hay lugar alguno en el cielo, en la tierra o en el infierno, donde los hombres se puedan esconder de su presencia. Enseñan que Dios está lejano y cercano al mismo tiempo, y que en Él los hombres se mueven y viven y son. Y lo que es igualmente convincente es que a lo largo de todas las Escrituras nos llevan a dar por seguro que Dios es omnipresente, como manera de explicar otras realidades que ellas nos dicen acerca de Él.

Las Escrituras enseñan que Dios es infinito. Esto significa que su ser no conoce límites. Por consiguiente, su presencia tampoco deberá tener límites; es omnipresente. En su infinitud, rodea a la creación finita y la contiene. No hay lugar alguno más allá de Él donde pueda existir nada. Dios es nuestro ambiente, como el mar es al pez y el aire al ave. "Dios está sobre todas las cosas", escribió Hildeberto de Lavardin, "debajo de todas las cosas; fuera de todas; dentro, pero no encerrado por ellas; fuera, pero no excluido; encima, pero no levantado; debajo, pero no oprimido;

totalmente por encima, presidiendo; totalmente por debajo, sosteniendo; totalmente por dentro, llenando."[1]

No podemos sostener de manera aislada la creencia de que Dios está presente dentro de su universo. Ésta tiene consecuencias prácticas en muchos aspectos del pensamiento teológico y pesa de manera directa sobre ciertos problemas religiosos, como por ejemplo, la naturaleza del mundo. Los hombres pensantes de casi todas las eras y culturas se han interesado por la pregunta de qué clase de mundo es éste. ¿Es un mundo material que se gobierna a sí mismo, o es espiritual y lo gobiernan poderes invisibles? ¿Se explica a sí mismo este sistema con su engranaje, o yace su secreto en el misterio? ¿Comienza y termina en sí mismo el torrente de la existencia, o está su fuente más alta y más lejos, en medio de las colinas?

La teología cristiana afirma tener la respuesta a esas preguntas. No especula ni ofrece una opinión, sino que presenta su "Esto dice el Señor" como la autoridad en la cual se apoya. Declara positivamente que el mundo es espiritual: se originó en el espíritu, fluye del espíritu, es espiritual en su esencia, y carece de sentido sin el Espíritu que habita en él.

La doctrina de la omnipresencia divina personaliza la relación del hombre con el universo en el que se encuentra. Esta gran verdad central les da sentido a todas las demás verdades y le imparte un valor supremo a toda su pequeña vida. Dios está presente cerca de él, junto a él, y este Dios lo ve y conoce de una manera total y absoluta. En este punto es donde comienza la fe, y aunque siga adelante hasta incluir un millar de verdades maravillosas más, todas ellas hacen referencia a la verdad de que *Dios es, y está aquí.* "Porque es necesario", dice la epístola a los Hebreos, "que el que se acerca a Dios crea que le hay." Cristo mismo dijo: "Creéis en Dios; creed también . . ." Cualquiera que sea el "también" que añadamos a la creencia elemental en Dios, es superestructura, y por mucho que sea la altura a la cual se levante, seguirá apoyándose sólidamente en los cimientos originales.

La enseñanza del Nuevo Testamento es que Dios creó el mundo por el *Logos*, la Palabra [R.V., "Verbo", n. del t.], y la Palabra se identifica con la segunda Persona de la Trinidad que estaba presente en el mundo

---

1 *A New Dictionary of Quotations*, escogidas y editadas por H. L. Mencken (Nueva York: Alfred A. Knopf, 1942), pp. 462-463.

aun antes de encarnarse en la naturaleza humana. La Palabra hizo todas las cosas y permaneció en su creación para sostenerla y mantenerla, y al mismo tiempo ser una luz moral que les permitiera a todos los hombres distinguir entre el bien y el mal. El universo opera como un sistema ordenado, no por unas leyes impersonales, sino por la voz creadora de la Presencia inmanente e universal, el *Logos.*

El canónigo W. G. H. Holmes, de la India, contaba haber visto adoradores hindúes tocando con los nudillos a los árboles y las piedras mientras le susurraban "¿Estás ahí? ¿Estás ahí?" al dios que esperaban que residiera dentro de ellos. Con completa humildad, el cristiano instruido presenta la respuesta a esa pregunta. Sí, Dios está ahí. Está ahí, y está aquí, y en todas partes, no confinado a un árbol o a una piedra, sino libre en el universo, cercano a todo, junto a todos, y por medio de Jesucristo, inmediatamente accesible a todo corazón amante. La doctrina de la omnipresencia decide esto para siempre.

Para el cristiano convencido, esta verdad es una fuente de profundo consuelo en el dolor, y de firme seguridad en todas las experiencias tan variadas de la vida. Para él, "la práctica de la presencia de Dios" no consiste en proyectar un objeto imaginario desde dentro de su propia mente, para después tratar de darse cuenta de su presencia; más bien consiste en reconocer la presencia real de Aquél de quien toda teología sana declara que ya está presente; una entidad objetiva que existe sin relación alguna con cuanta aprensión sobre Él puedan tener sus criaturas. La experiencia resultante no es visionaria, sino real.

La certeza de que Dios está siempre cerca de nosotros, presente en todos los lugares de este mundo, más cercano a nosotros que nuestros propios pensamientos, nos debiera mantener en un estado de gran felicidad moral la mayor parte del tiempo, pero no todo el tiempo. Sería poco honrado prometerles a todos los creyentes un jubileo continuo, y menos que realista esperarlo. Así como un niño puede gritar de dolor aun cuando se halle protegido en los brazos de su madre, también es posible que un cristiano conozca a veces lo que es sufrir, aun en la presencia consciente de Dios. Aunque "siempre gozoso", Pablo admitía que a veces sentía tristeza, y por nuestro bien, Cristo experimentó fuerte llanto y lágrimas, a pesar de que nunca se apartó del seno del Padre (Juan 1:18).

Pero todo irá bien. En un mundo como éste, las lágrimas tienen sus efectos terapéuticos. El bálsamo sanador que destilan las vestiduras de la Presencia que nos envuelve, cura nuestras dolencias antes que se vuelvan mortales. El conocimiento de que nunca estamos solos calma el agitado mar de nuestra vida y le habla de paz a nuestra alma.

Que Dios está aquí es algo que tanto las Escrituras como la razón declaran. Sólo nos queda a nosotros aprender a darnos cuenta de esto en nuestra experiencia consciente. Una frase de una carta escrita por el doctor Allen Fleece resume el testimonio de muchos otros: "Conocer que Dios está presente es algo bienaventurado, pero *sentir* su presencia no es ni más ni menos que pura felicidad."

Dios revela su presencia: ahora nosotros adorémosle, y comparezcamos reverentes ante Él. A Él solo, a Dios, poseemos; Él es nuestro Señor y Salvador; alabado sea su nombre para siempre. Dios mismo está con nosotros: Aquél a quien las legiones angélicas sirven con reverencia en las regiones celestiales."

Gerhard Tersteegen

Capítulo 15

Dios es fiel

Es bueno darte gracias y cantar alabanzas a tu nombre, oh Altísimo; mostrar por la mañana tu misericordia, y tu fidelidad cada noche. Así como tu Hijo, mientras estuvo en la tierra, te fue leal a ti, su Padre celestial, así ahora en el cielo nos es fiel a nosotros, sus hermanos terrenales, y sabiendo esto, seguimos adelante llenos de seguridad y esperanza por todos los años y los siglos que falten por venir. *Amén.*

Tal como hiciera destacar anteriormente, los atributos de Dios no son rasgos aislados de su personalidad, sino facetas de su ser unitario. No son "cosas en ellas mismas", sino más bien pensamientos con los que pensamos en Dios, aspectos de un todo perfecto, nombres dados a cuanto sabemos que es cierto con respecto al Ser divino.

Para tener una comprensión correcta de los atributos, es necesario que los veamos todos en unidad. Podemos pensar sobre ellos separadamente, pero ellos en sí, no pueden ser separados. "Es imposible que todos los atributos asignados a Dios difieran entre sí en la realidad, por razón de la simplicidad perfecta de Dios, aunque nosotros usemos de diferentes formas, palabras diversas sobre Dios", dice Nicolás de Cusa. "Por consiguiente, aunque le atribuyamos a Dios el ver, oír, gustar, oler, tocar, sentir, razonar, tener intelecto y demás, según los significados diversos de estas palabras, lo cierto es que en Él la vista no difiere del oído, ni del gusto, o el olfato, o el tacto, o el sentimiento, o la comprensión. Y así, se afirma que toda la teología está fundada sobre un círculo, porque no se afirma de otro, ninguno de sus atributos."[1]

Al estudiar cualquiera de los atributos, la unidad esencial de todos ellos se hace evidente muy pronto. Por ejemplo, vemos que si Dios es autoexistente, también deberá ser autosuficiente, y si tiene poder, por ser infinito, deberá tener todo el poder. Si posee conocimiento, su infinitud

---

1 Nicolás de Cusa, *op. cit.*, p. 12.

nos asegura que posee todo el conocimiento. De igual manera, su inmutabilidad presupone su fidelidad. Si Él no cambia, se sigue de aquí que no puede dejar de ser fiel, puesto que eso le exigiría un cambio. Todo fallo dentro de la personalidad divina sería un argumento a favor de su imperfección, y al ser Dios perfecto, no podría tener lugar. Así, los atributos se explican unos a otros, y demuestran que no son más que destellos que disfruta nuestra mente de ese Ser divino absolutamente perfecto.

Todos los actos de Dios están en perfecto acuerdo con todos sus atributos. Ningún atributo contradice a otro, sino que todos armonizan entre sí y se unen en el infinito abismo del Ser divino. Todo cuando Dios hace está de acuerdo con todo cuanto Dios es, y ser y hacer son la misma cosa en Él. La imagen familiar de un Dios frecuentemente dividido entre su justicia y su misericordia es totalmente falsa con respecto a la realidad. Pensar que Dios se inclina primero hacia uno de sus atributos, y después hacia otro, es imaginarse a un Dios inseguro de sí mismo, frustrado y emocionalmente inestable, lo cual, por supuesto, equivale a decir que aquél en el que estamos pensando no es el Dios verdadero en absoluto, sino un débil reflejo mental de Él, malamente fuera de foco.

Dios, por ser quien es, no puede dejar de ser lo que es, y siendo lo que es, no puede actuar en desacuerdo con su propia personalidad. Él es fiel e inmutable al mismo tiempo, de manera que todas sus palabras y todos sus actos tienen que ser fieles, y deben seguir siéndolo. Los hombres se vuelven infieles, movidos por sus apetitos, por el temor, por la debilidad, por la falta de interés, o por alguna fuerte influencia procedente del exterior. Es obvio que ninguna de esas fuerzas puede afectar a Dios en modo alguno. Él es su propia razón para todo cuanto es y hace. No se le puede obligar desde fuera, sino que siempre habla y actúa desde dentro de sí mismo, por su propia voluntad soberana, como le place.

Creo que se podría demostrar que casi todas las herejías que han afligido a la Iglesia a lo largo de los años han surgido de una creencia de cosas inciertas sobre Dios, o de un exceso de énfasis sobre ciertas cosas verdaderas que ha llegado a oscurecer otras cosas igualmente verdaderas. Engrandecer cualquier atributo, al mismo tiempo que se excluye otro, equivale a caminar derechamente hacia uno de los tenebrosos pantanos de la teología; y sin embargo, estamos constantemente tentados a hacer precisamente esto.

Por ejemplo, la Biblia enseña que Dios es amor; hay quienes han interpretado esto de una manera tal que niegan que Él sea justo, cosa que también enseña la Biblia. Otros llevan tan lejos la doctrina bíblica de la bondad de Dios que la hacen contradecirse con su santidad. O bien, hacen que su compasión anule su veracidad. Hay otros que comprenden la soberanía de Dios de una manera tal que destruye, o al menos disminuye grandemente su bondad y su amor.

Sólo podremos tener un concepto correcto de la verdad si nos atrevemos a creer todo cuanto Dios ha dicho acerca de sí mismo. Es una grave responsabilidad la que el hombre toma sobre sí cuando se pone a corregir la autorrevelación de Dios, de tal forma que saca de ella aquellos rasgos que a él, en su ignorancia, le parecen objetables. Con toda seguridad, deberá caer una ceguera parcial sobre todo aquél lo suficientemente presuntuoso como para atentar algo así. Y es algo totalmente innecesario. No tendremos por qué temer cuando dejemos que la verdad permanezca tal y como está escrita. No hay conflicto alguno entre los atributos divinos. El ser de Dios es unitario. Él no puede dividirse a sí mismo, y actuar en un momento dado impulsado por uno de sus atributos, mientras los demás permanecen inactivos. Todo lo que Dios es deberá concordar con todo lo que Dios hace. Su justicia deberá estar presente en su misericordia, y su amor en su juicio. Lo mismo afirmamos con respecto a todos los atributos divinos.

La fidelidad de Dios es un dato esencial de la sana teología, pero para el creyente se convierte en mucho más que eso: pasa a través del proceso del entendimiento para seguir adelante y convertirse en alimento nutritivo para el alma. Las Escrituras no sólo se limitan a enseñar la verdad; también indican sus usos para la humanidad. Los escritores inspirados eran hombres con pasiones como las nuestras que habitaban en medio de la vida. Lo que ellos aprendieron acerca de Dios se convirtió para ellos en una espada, un escudo, un martillo; se convirtió en la motivación de su vida, su buena esperanza, y su confiada expectación. A partir de los datos objetivos de la teología, su corazón hizo quién sabe cuántos miles de deducciones gozosas y aplicaciones personales. El libro de los Salmos resuena con una alegre acción de gracias por la fidelidad de Dios. El Nuevo Testamento recoge el tema y celebra la lealtad de Dios Padre y de su Hijo Jesucristo, quien ante Poncio Pilato dio testimonio e hizo una buena confesión; y en el Apocalipsis, vemos a Cristo montando en un caballo blanco, galopando hacia su victoria final, y los nombres que lleva son los de Fiel y Verdadero.

Los himnos cristianos celebran también los atributos de Dios, y entre ellos, la fidelidad divina. En nuestra mejor himnodia, los atributos se convierten en la fuente de la que corren ríos de gozosas melodías. Algunos himnarios antiguos podremos encontrar aún en los cuales los himnos no tienen nombre; una línea en cursiva encima de cada uno indica su tema, y el corazón que adora no puede menos que regocijarse en lo que encuentra: "Celebración de las gloriosas perfecciones de Dios", "Sabiduría, majestad y bondad", "Omnisciencia", "Omnipotencia e inmutabilidad", "Gloria, misericordia y gracia". Éstos sólo son unos pocos ejemplos tomados de un himnario publicado en 1849, pero todo el que conozca bien la himnodia cristiana sabe que la corriente de cánticos sagrados brotó hace mucho tiempo, en los primeros años de existencia de la Iglesia. Desde el principio, la creencia en la perfección de Dios produjo una dulce seguridad en los creyentes, y enseñó a las edades a cantar.

Sobre la fidelidad de Dios descansa toda nuestra esperanza de bendición futura. Sólo porque Él es fiel no quebrantará sus pactos y honrará sus promesas. Sólo teniendo una seguridad completa de que Él es fiel podremos vivir en paz y mirar con tranquila firmeza a la vida futura.

Cada corazón puede hacer su propia aplicación de esta verdad, y sacar de ella las conclusiones que la propia verdad sugiera, y sus propias necesidades hagan notar. El tentado, el ansioso, el temeroso, el desalentado, puede encontrar una nueva esperanza, y buena alegría, en el conocimiento de que nuestro Padre celestial es fiel. Él siempre será fiel a la palabra que ha empeñado. Los hijos del pacto, en medio de las duras presiones de la vida, pueden estar seguros de que Él nunca quitará de ellos su amorosa misericordia, ni permitirá que falle su fidelidad.

> Feliz el hombre cuyas esperanzas descansan en
> el Dios de Israel: Él hizo el cielo, y la tierra, y los
> mares, con todo cuanto contienen; su verdad per-
> manece segura para siempre; Él salva al oprimido,
> alimenta al pobre, y nadie hallará vanas sus pro-
> mesas.
>
> *Isaac Watts*

Capítulo 16

Dios es bueno

Haznos el bien según tu beneplácito hacia nosotros, Señor. No actúes con nosotros como lo merecemos, sino como es digno de ti, ya que eres el Dios que eres. Así, no tendremos nada que temer en este mundo, ni en el que está por venir. *Amén*.

La palabra *bueno* significa tantas cosas para tantas personas que este breve estudio de la bondad divina comienza con una definición. Sólo podremos llegar a su significado por medio del uso de una serie de sinónimos, saliendo del mismo lugar y regresando a él por distintos senderos.

Cuando la teología cristiana habla de que Dios es bueno, no es lo mismo que decir que es justo, o santo. Las trompetas de los cielos proclaman la santidad de Dios, y los santos y sabios de la tierra se hacen eco de ello dondequiera que Él se les ha revelado a los hombres; sin embargo, en estos momentos no estamos reflexionando sobre su santidad, sino sobre su bondad, que es algo bien distinto.

La bondad de Dios es lo que le predispone a ser generoso, cordial, benevolente y lleno de buenas intenciones para con los hombres. Él es tierno de corazón y rápido para identificarse con nosotros, y su actitud constante hacia todos los seres morales es abierta, franca y amistosa. Por su propia naturaleza, Él está inclinado a conceder bendición, y siente un santo placer en la felicidad de su pueblo.

En todas las páginas de la Biblia se enseña o se dice de manera implícita que Dios es bueno, y lo debemos recibir como un artículo de fe tan imposible de destruir como el trono de Dios. Es una piedra fundacional para todo pensamiento sólido sobre Dios, y es necesario para la sensatez moral. Conceder que Dios pudiese ser mejor que bueno es negar la validez de todo pensamiento, y terminar con la negación de todo juicio moral. Si Dios no es bueno, entonces no puede haber distinción entre bondad y crueldad; al cielo se le puede llamar infierno, y al infierno, cielo.

La bondad de Dios es el impulso que se halla detrás de todas las bendiciones que Él derrama a diario sobre nosotros. Dios nos creó porque sentía el bien en su corazón, y nos redimió por el mismo motivo.

Juliana de Norwich, que vivió hace seiscientos años, vio claramente que el fundamento de toda bienaventuranza es la bondad de Dios. El sexto capítulo de su pequeño clásico *Revelations of Divine Love* [Revelaciones del amor divino], increíblemente hermoso y perceptivo, comienza así: "Esta manifestación fue hecha para enseñar a nuestras almas a aferrarse sabiamente a la bondad de Dios." A continuación, hace una lista con algunas de las grandes obras que Dios ha hecho a favor nuestro, y después de cada una de ellas, añade: "por su bondad". Ella veía que todas nuestras actividades religiosas, y todos los medios de la gracia, por rectos y útiles que éstos sean, no serán nada, hasta que comprendamos que la bondad espontánea y no merecida de Dios se encuentra detrás y debajo de todos sus actos.

La bondad divina, como uno de los atributos de Dios, se causa a sí misma, es infinita, perfecta y eterna. Puesto que Dios es inmutable, Él nunca varía en la intensidad de su amor misericordioso. Él nunca ha sido más bondadoso de lo que es ahora, ni nunca lo será menos. Él no hace acepción de personas, sino que hace que su sol brille sobre los malvados, igual que sobre los buenos, y envía su lluvia, tanto sobre el justo como sobre el injusto. La causa de su bondad se halla en sí mismo; los que reciben su bondad son todos beneficiarios suyos, sin mérito y sin recompensa.

La razón está de acuerdo con esto, y la sabiduría moral que se conoce a sí misma se apresura a reconocer que no puede haber mérito alguno en la conducta humana; ni siquiera en la más pura y mejor. La bondad de Dios es siempre la base de nuestra expectación. El arrepentimiento, aunque necesario, no es meritorio, sino que es una condición para poder recibir el generoso don del perdón que Dios concede por su bondad. La oración en sí misma no es meritoria tampoco. No pone a Dios bajo obligación alguna, ni lo pone en deuda con nadie. Él escucha la oración porque es bueno, y por ninguna otra razón. Tampoco la fe es meritoria; no es más que la confianza en la bondad de Dios, y su ausencia no dice nada negativo de la personalidad santa de Dios.

Toda la manera de ver la vida que tiene la humanidad cambiaría si nosotros pudiéramos creer que habitamos bajo un cielo amistoso, y que el Dios del cielo, aunque exaltado en poder y majestad, está deseoso de hacer amistad con nosotros.

Sin embargo, el pecado nos ha hecho tímidos y demasiado conscientes de nosotros mismos, como es de esperar. Años y años de rebelión contra Dios han alentado en nosotros un temor que no se puede superar en un solo día. El rebelde que es capturado no entra voluntariamente en la presencia del rey al que ha combatido largo tiempo sin éxito, tratando de derrocarlo. En cambio, si es verdaderamente penitente, puede entrar, confiando sólo en el misericordioso amor de su Señor, y el pasado no será utilizado en contra suya. El maestro Eckhart nos exhorta a recordar que, cuando volvamos a Dios, aunque nuestros pecados fueran tan grandes en número como los de toda la humanidad reunidos, con todo, Dios no nos los echaría en cara, sino que tendría tanta confianza en nosotros, como si nunca hubiéramos pecado.

Ahora bien, alguien que a pesar de sus pecados pasados, desee honradamente reconciliarse con Dios, preguntaría cauteloso: ¿Si yo me llego a Dios, ¿cómo actuará Él conmigo? ¿Qué clase de disposición tiene? ¿Cómo encontraré que es?"

La respuesta es que lo encontraremos exactamente igual a Jesús. "El que me ha visto a mí", dice Jesús, "ha visto al Padre." Cristo caminó con los hombres sobre la tierra para mostrarles cómo es Dios y darle a conocer su verdadera naturaleza a una raza que tenía ideas erróneas acerca de Él. Ésta sólo fue una de las cosas que Él hizo mientras estaba aquí en la carne, pero la hizo con una perfección hermosa.

De Él aprendemos cómo actúa Dios con la gente. El hipócrita, el que es insincero, lo hallará frío y distante, como los que eran como él hallaron un día a Jesús; en cambio, el penitente lo hallará misericordioso y el que acepta su pecado lo hallará generoso y benévolo. Con el asustado, Él es amistoso; con el pobre de espíritu, es perdonador; con el ignorante, considerado; con el débil, delicado; con el extranjero, hospitalario.

Con nuestras actitudes podemos determinar la forma en que lo recibiremos. Aunque la bondad de Dios es una fuente infinita y desbordante de cordialidad, Él no nos obligará a atenderlo. Si queremos ser recibidos como lo fue el Pródigo, debemos acercarnos, como se acercó él; y cuando lo hagamos, aunque se queden fuera en su enojo los fariseos y los legalistas, habrá un festín de bienvenida dentro, y música y danzas, cuando el Padre acerque de nuevo a su hijo al corazón.

La grandeza de Dios suscita en nosotros el temor, pero su bondad nos anima a no tenerle miedo. Temer y no tener miedo: he ahí la paradoja de la fe.

Oh Dios, mi esperanza, mi celestial descanso,
mi todo de felicidad aquí abajo, concédeme mi
importuna petición. Muéstrame, muéstrame tu
bondad; tu beatífica faz manifiesta; el resplandor
del eterno día. Ante los ojos iluminados de mi fe,
haz pasar toda tu benevolente bondad; tu bondad
es la visión que anhelo. Oh, que yo pueda ver tu
sonriente faz; tu naturaleza en mi alma proclamar;
revelar tu amor, tu glorioso nombre.

Carlos Wesley

Capítulo 17

Dios es justo

Nuestro Padre, te amamos por tu justicia. Reconocemos que tus juicios son verdaderos y justos por completo. Tu justicia sostiene el orden del universo y garantiza la seguridad de todos los que ponen en ti su confianza. Vivimos porque tú eres justo... y misericordioso. Santo, Santo, Santo, Señor Dios Todopoderoso, justo en todos tus caminos, y santo en todas tus obras. *Amén.*

En las Escrituras inspiradas, apenas se distinguen entre sí la justicia y la rectitud. Es la misma palabra del original la que se traduce como *justo* o *recto;* casi, sospecharíamos, al arbitrio del traductor.

El Antiguo Testamento sostiene el principio de la justicia de Dios en un lenguaje claro y pleno, y tan hermoso como el que más, dentro de la literatura de la humanidad en cualquier lugar del mundo. Cuando Dios le anunció la destrucción de Sodoma, Abraham intercedió por los justos que había dentro de la ciudad, recordándole que él sabía que Dios actuaría según su propia personalidad en esa emergencia humana. "Lejos de ti el hacer tal, que hagas morir al justo con el impío, y que sea el justo tratado como el impío; nunca tal hagas. El Juez de toda la tierra, ¿no ha de hacer lo que es justo?"

El concepto de Dios que sostenían los salmistas y los profetas de Israel era el de un gobernante omnipotente, engrandecido y exaltado, que reina con equidad. "Nubes y oscuridad alrededor de él; justicia y juicio son el cimiento de su trono." Con respecto al Mesías tan largamente esperado, se había profetizado que cuando Él viniese, juzgaría al pueblo con justicia y a los pobres con juicio. Los hombres santos, movidos por una tierna compasión, ofendidos por la falta de equidad de los gobernantes del mundo, oraban así: "Jehová, Dios de las venganzas, Dios de las venganzas, muéstrate. Engrandécete, oh Juez de la tierra; da el pago a los soberbios. ¿Hasta cuándo los impíos, hasta cuándo, oh Jehová, se gozarán los impíos?" No debemos entender estas palabras como un ruego de venganza personal, sino como el anhelo de ver que prevaleciese la equidad moral en la sociedad humana.

Hombres como David y Daniel reconocían su propia falta de justicia, en contraste con la justicia de Dios, y como consecuencia, sus oraciones penitenciales llegaban a tener gran poder y eficacia. "Tuya es, Señor, la justicia, y nuestra la confusión de rostro." Y cuando el juicio de Dios, por tanto tiempo aplazado, comienza a caer sobre el mundo, Juan ve a los santos victoriosos de pie sobre un mar de cristal mezclado con fuego. En sus manos tienen las santas arpas de Dios; el canto que cantan es el de Moisés y el Cordero, y el tema de su canto es la justicia divina. "Grandes y maravillosas son tus obras, Señor Dios Todopoderoso; justos y verdaderos son tus caminos, Rey de los santos. ¿Quién no te temerá, oh Señor, y glorificará tu nombre? Pues sólo tú eres santo; por lo cual todas las naciones vendrán y te adorarán, porque tus juicios se han manifestado."

La justicia incorpora en sí la idea de equidad moral, y la iniquidad es exactamente opuesta a ella; es la *in*-equidad, la ausencia de igualdad en los pensamientos y actos humanos. El juicio es la aplicación de la equidad a las situaciones morales, y puede ser favorable o desfavorable, según aquél que se halla sometido a examen haya sido equitativo o no en su corazón y en su conducta.

Algunas veces decimos: "Es de justicia que Dios haga esto", refiriéndonos a algún acto que sabemos que Él va a realizar. Es un error pensar y hablar así, porque estamos postulando un principio de justicia ajeno a Dios que lo estaría obligando a Él a actuar de una forma determinada. Por supuesto, no existe tal principio. Si lo hubiera, sería superior a Dios, porque sólo un poder superior puede obligar a obedecer. Lo cierto es que no hay, ni habrá jamás, nada fuera de la naturaleza de Dios que lo pueda mover en grado alguno. Todas las razones de Dios proceden de dentro de su Ser increado. Nada ha entrado en el ser de Dios desde la eternidad; nada ha sido quitado, y nada ha sido cambiado.

La justicia, cuando la referimos a Dios, es un nombre que le damos a la forma en que Dios es, nada más; y cuando Dios actúa justamente, no lo está haciendo para ajustarse a un criterio independiente, sino que, sencillamente, está actuando tal como Él es en una situación dada. Así como el oro es un elemento en sí mismo, y nunca se lo podrá cambiar ni modificar, sino que es oro dondequiera que se encuentre, también Dios es Dios siempre, sólo y totalmente Dios, y nunca puede ser otro distinto al que es. Todo lo que hay en el universo es bueno en el grado en que se conforme a la naturaleza de Dios, y malo en el grado en que no lo haga.

Dios es su propio principio autoexistente de equidad moral, y cuando Él sentencia a los hombres malvados, o recompensa a los justos, todo lo que hace es actuar de acuerdo con como Él es desde dentro, sin que nada ajeno influya sobre Él.

Todo esto parece destruir la esperanza de justificación para el pecador que regresa; sólo lo parece. Anselmo, arzobispo de Cantorbery, filósofo y santo cristiano, buscó una solución a la contradicción aparente entre la justicia de Dios y su misericordia. "¿Cómo perdonas al malvado", le preguntó a Dios, "si tú eres todo justo y supremamente justo?"[1] Entonces buscó en Él directamente una respuesta, porque sabía que la solución estaba en *lo que Dios es*. Podemos parafrasear el hallazgo de Anselmo de esta manera: El ser de Dios es unitario; no está compuesto por una serie de partes que trabajen armoniosamente, sino que es simplemente uno. En su justicia no hay nada que prohíba el ejercicio de su misericordia. Pensar con respecto a Dios tal como a veces pensamos en un tribunal donde un juez bondadoso, obligado por la ley, sentencia a muerte a un hombre con lágrimas y excusas, es pensar de una manera totalmente indigna del Dios verdadero. Dios nunca se encuentra a sí mismo con propósitos encontrados. Ningún atributo de Dios se halla en conflicto con otro.

La compasión de Dios fluye de su bondad, y la bondad sin justicia no es bondad. Dios nos perdona, porque es bueno, pero no podría ser bueno si no fuera justo. Anselmo llega a la conclusión de que, cuando Dios castiga a los malvados, sólo lo hace de acuerdo con lo que ellos se han merecido, y cuando perdona a los malvados, sólo lo hace porque esto es compatible con su bondad; de esta forma, Dios hace lo que está de acuerdo con la realidad de que Él es el Dios supremamente bueno. Aquí vemos a la razón tratando de comprender, no para creer, sino porque ya cree.

Una solución más sencilla y familiar al problema de cómo Dios puede ser justo, y con todo, justificar a los injustos, se halla en la doctrina cristiana de la redención. Ésta afirma que, por medio de la obra expiatoria de Cristo, Dios no viola la justicia, sino la satisface cuando perdona a un pecador. La teología de la redención enseña que la misericordia no se

1 San Anselmo, *op. cit.*, p. 14.

hace eficaz para un ser humano, mientras la justicia no haya hecho su obra. El justo castigo por el pecado fue pagado cuando Cristo, nuestro Sustituto, murió por nosotros en la cruz. Por desagradable que esto parezca a los oídos del hombre natural, siempre ha sido agradable a los oídos de la fe. Son millones los que han sido moral y espiritualmente transformados por este mensaje, han llevado una vida de gran poder moral, y muerto al fin pacíficamente, confiados en él.

El mensaje de una justicia satisfecha y una misericordia en operación es más que una agradable teoría teológica; anuncia una realidad hecha necesaria por nuestra profunda necesidad humana. Por causa de nuestro pecado, todos nos hallamos sentenciados a muerte, una sentencia que surgió cuando la justicia se enfrentó a nuestra situación moral. Cuando la equidad infinita se encontró con nuestra in-equidad crónica y voluntaria, hubo una violenta guerra entre ambas; una guerra que Dios ganó, y que siempre deberá ganar. Ahora bien, cuando el pecador penitente se lanza en los brazos de Cristo para pedirle la salvación, se invierte la situación moral. La justicia se enfrenta con la situación nueva, y pronuncia justo al hombre que ha creído. De esta forma, pasa la justicia al lado de los hijos de Dios que confían en Él. Éste es el significado de aquellas osadas palabras del apóstol Juan: "Si confesamos nuestros pecados, él es fiel y justo para perdonar nuestros pecados, y limpiarnos de toda maldad."

No obstante, la justicia de Dios se alza eternamente contra el pecado en su máxima severidad. La vaga y tenue esperanza de que Dios sea demasiado bondadoso para castigar a los impíos se ha convertido en un mortal opio para la conciencia de millones de seres humanos. Acalla sus temores y les permite practicar todas las formas agradables de iniquidad, mientras la muerte se acerca con cada día que pasa, y el mandato de arrepentirse sigue sin ser oído. Como seres morales responsables que somos, no nos atrevemos a jugar de esa manera con nuestro futuro eterno.

> Jesús, tu sangre y tu justicia mi belleza son, mi gloriosa vestidura; en medio de mundos llameantes, de ellos revestido, con gozo levantaré mi cabeza. Con osadía permaneceré de pie en tu gran día, porque ¿quién podrá venir a acusarme? Plenamente absuelto de todas mis culpas estoy, sin pecado ni temor; sin culpa ni vergüenza.
>
> *Conde N. L. von Zinzendorf*

Capítulo 18

Dios es misericordioso

Padre santo, tu sabiduría estimula nuestra admiración, tu poder nos llena de temor, tu omnipresencia convierte todos los rincones de la tierra en suelo sagrado, pero ¿cómo te agradeceremos tu misericordia, que desciende hasta lo más bajo de nuestra necesidad para darnos gloria en lugar de ceniza, óleo de gozo en lugar de luto, manto de alegría en lugar de espíritu angustiado? Bendecimos tu misericordia, por Jesucristo nuestro Señor. *Amén.*

Cuando nosotros, los hijos de las sombras, alcancemos por fin nuestro hogar en la luz por medio de la sangre del pacto eterno, tendremos mil cuerdas en nuestra arpa, pero muy bien pudiera suceder que la más dulce de todas fuera la afinada para que suene de la manera más perfecta en honor de la misericordia de Dios.

¿Con qué derecho estaremos allí? ¿Acaso no tomamos parte con nuestros pecados en esa impía rebelión que trató de destronar por la fuerza al glorioso Rey de la creación? ¿Y acaso también no caminamos en el pasado según los caminos de este mundo, según el príncipe maligno del poder del aire, el espíritu que obra ahora en los hijos de desobediencia? ¿No vivíamos todos en los apetitos de nuestra carne? ¿No éramos por naturaleza hijos de ira, igual que los demás? Con todo, nosotros, que éramos en un tiempo enemigos y alejados de Él en nuestra mente debido a las obras de maldad, veremos entonces a Dios cara a cara, y llevaremos su nombre en nuestra frente. Los que nos ganamos la destrucción, disfrutaremos de la comunión; los que merecemos los dolores del infierno, conoceremos la bienaventuranza del cielo. Todo gracias a la tierna misericordia de Dios, por la que nos ha visitado la Aurora de lo alto.

Cuando todas tus misericordias, mi Dios, mi
ascendiente alma examina, transportado con lo
que veo, me siento perdido en mi asombro, amor
y alabanza.

Joseph Addison

La misericordia es un atributo de Dios; una energía infinita e inagotable interna a la naturaleza divina que predispone a Dios a ser activamente compasivo. Tanto el Antiguo Testamento, como el Nuevo, proclaman la misericordia de Dios, pero el Antiguo dice sobre ella más de cuatro veces lo que dice el Nuevo.

Debiéramos desterrar para siempre de nuestra mente la noción común, pero errónea, de que la justicia y el juicio caracterizan al Dios de Israel, mientras que la misericordia y la gracia pertenecen al Señor de la Iglesia. En realidad, en principio no hay diferencia alguna entre el Antiguo Testamento y el Nuevo. En las Escrituras del Nuevo Testamento hay un desarrollo más pleno de las verdades redentoras, pero es un mismo Dios el que habla en ambas dispensaciones, y lo que Él dice está de acuerdo con lo que Él es. Dondequiera y cada vez que Dios se aparece a los hombres, actúa como quien es. Ya sea en el huerto del Edén, o en el de Getsemaní, Dios es tan misericordioso como justo. Él siempre ha tratado a la humanidad con misericordia, y siempre la tratará con justicia cuando su misericordia sea despreciada. Así lo hizo en los tiempos anteriores al Diluvio; así, cuando Cristo caminaba entre los hombres; así lo está haciendo hoy, y siempre lo seguirá haciendo, por la sola razón de que Él es Dios.

Si pudiésemos recordar que la misericordia divina no es un estado temporal de humor en Dios, sino un atributo de su ser eterno, nunca temeríamos que un día dejase de existir. La misericordia nunca comenzó a ser, sino que era desde la eternidad; de igual manera, nunca dejará de ser. Nunca será mayor, puesto que en sí misma es infinita, y nunca será menor, porque lo infinito no puede sufrir disminución. Nada de cuanto ha ocurrido u ocurrirá en el cielo, en la tierra o en el infierno, podrá cambiar las tiernas misericordias de nuestro Dios. Su misericordia permanece para siempre, como una inmensidad sobrecogedora y sin límites de piedad y compasión divinas.

Así como el juicio es la justicia de Dios al confrontar la iniquidad moral, de igual manera la misericordia de Dios es su bondad al confrontar el sufrimiento y la culpa de los humanos. Si no hubiese culpa alguna en el mundo, ni dolor ni lágrimas, Dios seguiría siendo aún infinitamente misericordioso, pero es probable que su misericordia se hubiese quedado escondida en su corazón, desconocida del universo creado. Ninguna voz se hubiera alzado para celebrar la misericordia de la cual nadie habría sentido necesidad. Son la angustia y el pecado de los humanos los que han hecho salir a la luz la misericordia divina.

"¡Kyrie eléison! ¡Christe eléison!" [en griego, ¡Señor, misericordia!, ¡Cristo, misericordia!, n. del t.], ha suplicado la Iglesia a lo largo de los siglos, pero si no me equivoco, oigo en la voz de su súplica una nota de tristeza y desespero. Su lastimero clamor, tan frecuentemente repetido en ese tono de resignado abatimiento, lo lleva a uno a deducir que está pidiendo una dádiva que en realidad no espera recibir nunca. Aunque siga cumpliendo con su deber de cantar sobre las grandezas de Dios, y recitar el credo más veces de las que se tiene memoria, su petición de misericordia suena como una esperanza abandonada, y nada más, como si la misericordia fuera un don divino que se debiera añorar, pero nunca disfrutar en realidad.

¿Será nuestra incapacidad para capturar el puro gozo de la misericordia gozosamente experimentada, una consecuencia de nuestra incredulidad, de nuestra ignorancia, o de ambas? Así fue una vez en Israel. "Porque yo les doy testimonio", dice Pablo, "de que tienen celo de Dios, pero no conforme a ciencia." Fracasaron porque había al menos una cosa que no conocían; una cosa que lo habría cambiado todo. Y sobre Israel en el desierto, el escritor de la epístola a los Hebreos dice: "Pero no les aprovechó el oír la palabra, por no ir acompañada de fe en los que la oyeron." Para recibir misericordia, primero tenemos que saber que Dios es misericordioso. Y no basta con creer que una vez manifestó su misericordia con Noé, Abraham o David, y la mostrará nuevamente en algún día feliz del futuro. Debemos creer que la misericordia de Dios no tiene límites, es gratuita, y por medio de Jesucristo nuestro Señor está disponible para nosotros hoy, en nuestra situación presente.

Podemos estar suplicando misericordia durante toda una vida de incredulidad, y al final de nuestros días, no estaremos aún más que tristemente esperanzados de recibirla en algún lugar y en algún momento. Esto sería como morirnos de hambre fuera de una sala de banquetes a la que hemos sido cálidamente invitados. O podemos, si queremos, aferrarnos por fe a la misericordia de Dios, entrar al salón y sentarnos junto con las almas osadas y ávidas que no permiten que la timidez y la incredulidad las alejen del festín de ricos manjares preparado para ellas.

Levántate, alma mía, levántate; sacude tus culpables temores; el sangriento sacrificio por mi bien aparece: ante el trono comparece quien es mi

Seguridad, y lleva mi nombre escrito en las manos. Mi Dios se ha reconciliado conmigo; su voz perdonadora escucho: Él es mi dueño y yo su hijo; ya no tengo que seguir temiendo: con confianza, ahora me acerco y clamo "Padre, Abbá, Padre".

Carlos Wesley

Capítulo 19

La gracia de Dios

Dios de toda gracia, cuyos pensamientos hacia nosotros son siempre pensamientos de paz y no de maldad, danos un corazón capaz de creer que somos aceptos en el Amado, y danos una mente que admire esa perfección de sabiduría moral que encontró una forma de mantener la integridad del cielo, y con todo, recibirnos a nosotros en él. Estamos atónitos y maravillados de que Alguien tan santo y temido nos invite a este banquete, y haga que la bandera sobre nosotros sea el amor. No podemos expresar la gratitud que sentimos, pero mira tú en nuestro corazón y léela allí. *Amén.*

En Dios la misericordia y la gracia son una, pero cuando nos alcanzan a nosotros, las vemos como dos, relacionadas, pero no idénticas.

Así como la misericordia es la bondad de Dios que confronta la angustia y la culpa de los humanos, la gracia es su bondad dirigida hacia la deuda y el demérito del hombre. Por su gracia, Dios atribuye mérito donde no existía antes ninguno, y declara que no existe deuda donde había existido una anteriormente.

La gracia es el beneplácito de Dios que lo inclina a concederles beneficios a quienes no los merecen. Es un principio con existencia propia, inherente a la naturaleza divina y que aparece ante nosotros como una propensión a compadecer a los miserables, perdonar a los culpables, recibir a los parias y hacer entrar en su favor a los que antes se hallaban bajo una justa reprobación. Su uso para nosotros, seres humanos pecadores, consiste en salvarnos y hacernos sentar junto con Él en los lugares celestiales para demostrar ante las edades las insondables riquezas de la bondad de Dios hacia nosotros en Cristo Jesús.

Nosotros nos beneficiamos eternamente de que Dios sea tal como Él es. Porque Él es lo que es, levanta nuestra cabeza y nos saca de la prisión, nos cambia las ropas de prisioneros en vestiduras reales y nos hace comer el pan continuamente en su presencia todos los días de nuestra vida.

La gracia brota muy dentro del corazón de Dios, en el pasmoso e incomprensible abismo de su santo Ser, pero el canal a través del cual fluye hacia los seres humanos es Jesucristo, crucificado y resucitado. El apóstol Pablo, quien es por encima de todos los demás el expositor de la gracia en la redención, nunca separa la gracia de Dios del Hijo de Dios crucificado. En sus enseñanzas, siempre se encuentran ambos juntos, orgánicamente uno solo e inseparables.

Encontramos un hermoso y completo resumen de las enseñanzas de Pablo sobre este tema en su epístola a los Efesios: "En amor habiéndonos predestinado para ser adoptados hijos suyos por medio de Jesucristo, según el puro afecto de su voluntad, para alabanza de la gloria de su gracia, con la cual nos hizo aceptos en el Amado, en quien tenemos redención por su sangre, el perdón de pecados según las riquezas de su gracia."

También Juan, en el evangelio que lleva su nombre, identifica a Cristo como el medio a través del cual alcanza la gracia a la humanidad: "Pues la ley por medio de Moisés fue dada, pero la gracia y la verdad vinieron por medio de Jesucristo."

Con todo, es aquí mismo donde es fácil salirse de la senda y extraviarse lejos de la verdad, como han hecho algunos. Son los que han obligado a este versículo a presentarse solo, sin relación con las demás Escrituras que se refieren a la doctrina de la gracia, y hacerlo enseñar que Moisés sólo conocía la ley y Cristo sólo conoce la gracia. De esta manera se convierte el Antiguo Testamento en un libro de ley, y el Nuevo Testamento en un libro de gracia. La verdad es muy distinta.

La ley les fue dada a los hombres a través de Moisés, pero no se originó con él. Había existido en el corazón de Dios desde antes de la fundación del mundo. En el monte Sinaí se convirtió en el código legal para la nación de Israel, pero los principios morales que comprende son eternos. Nunca existió un momento en el que la ley no representase la voluntad de Dios para la humanidad, ni un momento en el cual su violación no trajese consigo su propio castigo, aunque Dios fue paciente, y algunas veces pasaba por alto las malas acciones debido a la ignorancia del pueblo. Los argumentos estrechamente enlazados que presenta Pablo en los capítulos tercero y quinto de su epístola a los Romanos hacen ver esto con gran claridad. La fuente de la moralidad cristiana es el amor a Cristo, no la ley de Moisés; sin embargo, no ha habido una abrogación de los principios de moralidad contenidos en la ley. No existe ninguna clase privilegiada que se halle exenta de esa justicia que prescribe la ley. Ciertamente, el Antiguo Testamento es un libro de ley, pero no solamente de ley. Antes del gran Diluvio, Noé "halló gracia ante los ojos de Jehová", y después de haberle entregado la ley a Moisés, Dios le dijo: "Has hallado gracia en mis ojos." ¿Cómo habría podido ser de otra forma? Dios siempre será Él mismo, y la gracia es un atributo de su santo Ser. Para Él es tan imposible esconder su gracia como lo es para el sol esconder su resplandor. Los hombres podrán huir de la luz del sol para esconderse en las tenebrosas y húmedas cavernas de la tierra, pero no pueden apagarlo. De igual forma, en cualquier dispensación que sea, los hombres podrán despreciar la gracia de Dios, pero no la pueden extinguir.

Si los tiempos del Antiguo Testamento hubieran sido solamente tiempos de una ley rigurosa e inflexible, el mundo habría tenido en su temprana edad un aspecto muchísimo menos alegre del que encontramos en los escritos de la antigüedad. No habría existido un Abraham, amigo de Dios; ni un David, hombre según el corazón de Dios, ni un Samuel, Isaías o Daniel. El capítulo once de la epístola a los Hebreos, esa galería de la fama de los espiritualmente grandes en el Antiguo Testamento, permanecería a oscuras y sin ocupantes. La gracia fue la que hizo posible la santidad en los días del Antiguo Testamento, tal como lo hace hoy.

Nadie ha sido salvo jamás, sino por gracia, desde Abel hasta el momento presente. Desde que la humanidad fue expulsada del huerto del Oriente, nadie ha regresado jamás al favor divino, si no ha sido gracias a la pura bondad de Dios. Y dondequiera que la gracia ha alcanzado a algún ser humano, siempre ha sido por medio de Jesucristo. Ciertamente, la gracia vino por Jesucristo, pero no esperó a que Él naciese en el pesebre, o a que muriese en la cruz, para poder actuar. Cristo es el Cordero inmolado desde la fundación del mundo. El primer hombre de la historia humana que fue regresado a la comunión con Dios lo hizo por medio de la fe en Cristo. En los tiempos de la antigüedad, los hombres esperaban la obra redentora de Cristo; en los últimos tiempos la recuerdan, pero siempre han venido y vienen a ella por gracia, por medio de la fe.

Debemos tener presente también que la gracia de Dios es infinita y eterna. Así como no tuvo principio, tampoco podrá tener fin, y por ser un atributo de Dios, no tiene límites, como la infinitud.

En lugar de esforzarnos por comprender esto como verdad teológica, sería mejor y más sencillo que comparásemos la gracia de Dios con nuestra necesidad. Nunca podremos conocer la enormidad de nuestro pecado, ni tampoco es necesario que la comprendamos. Lo que sí podemos saber es que "cuando el pecado abundó, sobreabundó la gracia".

"Abundar" en el pecado: he aquí lo peor y lo mayor de cuanto nosotros podíamos o podemos hacer. La palabra *abundar* define el límite de nuestra capacidad finita, y aunque sintamos levantarse nuestras iniquidades sobre nosotros como una montaña, con todo, esa montaña tiene unos límites definibles: es de tal tamaño, tiene tal altura, sólo pesa esta cierta cantidad, y nada más. Ahora bien ¿quién puede definir la ilimitada gracia de Dios? Su "sobreabundancia" hace que nuestros pensamientos se sumerjan en el infinito, y los confunde allí. Toda la gratitud para Dios, por la abundancia de su gracia.

Los que nos sintamos apartados de la comunión con Dios podemos ahora levantar nuestra desalentada cabeza y mirar a lo alto. Por medio de las virtudes de la muerte expiatoria de Cristo, la causa de nuestra expulsión ha sido quitada. Podemos regresar, tal como regresó el Pródigo, y recibir la bienvenida. Cuando nos acerquemos al Huerto, nuestro hogar antes de la Caída, se apartará de él la espada llameante. Los guardianes del árbol de la vida se echarán a un lado cuando vean acercarse a un hijo de la gracia.

> Regresa, vagabundo, regresa ahora, y busca el rostro de tu Padre; esos nuevos anhelos que arden en ti, fueron encendidos por su gracia. Regresa, vagabundo, regresa ahora, y enjuga la lágrima que se desliza: tu Padre te llama, no sigas lamentándote, que es el amor el que te invita a acercarte.

William Benco Collyer

Capítulo 20

Dios es amor

Padre nuestro que estás en los cielos, nosotros tus hijos nos preocupamos con frecuencia en nuestra mente, al escuchar dentro de nosotros al mismo tiempo las afirmaciones de la fe y las acusaciones de la conciencia. Estamos seguros de que en nosotros no hay nada que pudiese atraer el amor de Uno tan santo y tan justo como tú. Con todo, tú nos has declarado tu amor inmutable en Cristo Jesús. Si bien no hay nada en nosotros que pueda ganar tu amor, no hay tampoco nada en el universo que te pueda impedir que nos ames. Tu amor no es causado ni merecido. Tú eres en ti mismo la razón del amor con el que nos amas. Ayúdanos a creer en la intensidad y la eternidad del amor que nos ha hallado. Entonces, el amor echará fuera el temor, y nuestro agitado corazón estará en paz, confiado no en lo que somos nosotros, sino en lo que tú has declarado que eres tú mismo. *Amén.*

E l apóstol Juan, movido por el Espíritu, escribió: "Dios es amor", y algunos han tomado sus palabras como una declaración definitiva con respecto a la naturaleza esencial de Dios. Esto es un gran error. Con esas palabras, Juan estaba presentando una realidad, pero no estaba ofreciendo una definición.

Igualar al amor con Dios es un grave error que ha producido una gran cantidad de filosofía religiosa poco sana, y ha hecho correr un torrente de poesía vaporosa totalmente en desacuerdo con las Santas Escrituras y procedente toda ella de un clima distinto al del cristianismo histórico.

Si el apóstol hubiera afirmado que el amor es lo que Dios es, nos habríamos visto obligados a decidir que Dios es lo que el amor es. Si Dios es amor, en un sentido literal, entonces también en un sentido literal el amor es Dios, y tendríamos que adorar por obligación al amor como el único Dios que existe. Si el amor es igual a Dios, entonces Dios sólo es igual al amor, y Dios y el amor son idénticos. Así, destruimos el concepto de personalidad en Dios, y negamos directamente todos sus atributos, con excepción de uno, y ese uno hacemos que sustituya a Dios. El Dios que habríamos dejado no es el Dios de Israel; no es el Dios y

Padre de nuestro Señor Jesucristo; no es el Dios de los profetas y de los apóstoles; no es el Dios de los santos, los reformadores y los mártires, ni siquiera el Dios de los teólogos e himnólogos de la Iglesia.

Por el bien de nuestra alma debemos aprender a comprender las Escrituras. Debemos escaparnos de la esclavitud a las palabras para adherirnos lealmente en cambio a los significados. Las palabras deben expresar las ideas, no originarlas. Decimos que Dios es amor; decimos que Dios es luz; decimos que Cristo es la verdad, y nuestra intención es que estas palabras sean comprendidas de una manera muy similar a la forma en que se entienden las palabras cuando decimos con respecto a un hombre que "es la bondad personificada". Al decir esto, no estamos afirmando que la bondad y ese hombre sean idénticos, y nadie entiende nuestras palabras en ese sentido.

Las palabras "Dios es amor" significan que el amor es un atributo esencial de Dios. El amor es algo cierto con respecto a Dios, pero no es Dios. Expresa la forma en que Dios es en su ser unitario, como lo hacen las palabras santidad, justicia, fidelidad y verdad. Puesto que Él es inmutable, siempre actúa de acuerdo con su propia personalidad, y puesto que es una unidad, nunca suspende uno de sus atributos para ejercer otro.

A partir de los otros atributos conocidos de Dios, podemos aprender mucho acerca de su amor. Por ejemplo, podemos saber que, al ser Dios autoexistente, su amor no tuvo principio; al ser Él eterno, su amor no podrá tener fin; al ser Él infinito, no tiene límite; al ser Él santo, es la quintaesencia de toda pureza inmaculada; al ser Él inmenso, su amor es un amor incomprensiblemente amplio, sin fondo y sin orillas, ante el cual nos arrodillamos en gozoso silencio, y del cual la elocuencia más elevada se aparta confusa y humillada.

Con todo, si queremos conocer a Dios, y por el bien de los demás, decir lo que sabemos, debemos tratar de hablar acerca de su amor. Todos los cristianos lo han intentado, pero ninguno lo ha hecho muy bien. Yo tengo tanta capacidad para hacerle justicia a este tema tan asombroso y lleno de maravillas como la que tendría un niño para alcanzar una estrella. Con todo, al tratar de alcanzar la estrella el niño pudiera estar llamando la atención sobre ella, e incluso indicar la dirección en que es necesario mirar para verla. De igual forma, al elevar yo mi corazón hacia el alto y resplandeciente amor de Dios, alguien que antes no haya sabido nada de él, pudiera animarse a mirar a lo alto y tener esperanza.

No sabemos lo que *es* el amor, y quizá nunca lo sepamos, pero sí podemos saber cómo se manifiesta, y que es suficiente para nosotros aquí. Primeramente, lo vemos presentándose como benevolencia. El amor desea el bien de todos, y nunca tiene la voluntad de herir o hacer mal a nadie. Esto explica las palabras del apóstol Juan: "En el amor no hay temor, sino que el perfecto amor echa fuera el temor." El temor es la dolorosa emoción que surge con el pensamiento de que algo nos puede hacer daño, o causar sufrimiento. Este temor persiste mientras estamos sometidos a la voluntad de alguien que no desea nuestro bienestar. Desde el momento en que entramos bajo la protección de alguien benevolente, el temor es echado fuera. Un niño perdido en medio de una tienda atestada de gente se siente lleno de temor, porque ve como enemigos a los extraños que lo rodean. Un momento más tarde, cuando ya está en los brazos de su madre, el terror desaparece. El conocimiento de la benevolencia de la madre es el que lo echa fuera.

El mundo está lleno de enemigos, y mientras estemos sujetos a la posibilidad de que esos enemigos nos dañen, el temor es inevitable. El esfuerzo por vencer el temor sin destruir sus causas es totalmente inútil. El corazón es más sabio que todos esos apóstoles de la serenidad. Mientras nos consideremos en las manos del azar, mientras busquemos una esperanza en la ley de las posibilidades, mientras tengamos que confiar nuestra supervivencia a nuestra capacidad para adelantarnos al enemigo en el pensamiento o en sus maniobras, tendremos unas cuantas buenas razones para sentir miedo. Y el miedo produce tormento.

Saber que el amor es de Dios, y entrar en el lugar secreto apoyados en el brazo del Amado; esto y sólo esto puede echar fuera el temor. Si un hombre se llega a convencer de que nada lo puede dañar, al instante, todos sus temores habrán desaparecido del universo. Podrá sentir algunas veces el reflejo nervioso, la repugnancia natural ante el dolor físico, pero el profundo tormento del temor desaparece para siempre. Dios es amor, y es soberano. Su amor lo predispone a desear nuestro bienestar perdurable, y su soberanía lo capacita para asegurárnoslo. Nada puede herir a un buen hombre.

El cuerpo podrán matar; con todo, la verdad de
Dios permanecerá y su reino es para siempre.

Martín Lutero

El amor de Dios nos dice que Él es amistoso, y su Palabra nos asegura que es nuestro amigo y quiere que nosotros lo seamos suyos. Ningún hombre con un rastro de humildad pensaría que él ha sido el que ha comenzado su amistad con Dios; la idea no tuvo su origen en los hombres. Abraham nunca habría dicho: "Yo soy amigo de Dios", sino que Dios mismo fue el que dijo que Abraham era su amigo. Los discípulos habrían vacilado con mucha razón al afirmar que tenían amistad con Cristo, pero fue Él quien les dijo: "Sois mis amigos."

Aunque la modestia dude ante un pensamiento tan temerario, la fe, en su audacia, se atreve a creer en la Palabra y afirma tener amistad con Dios. Le hacemos a Dios un honor mayor creyendo lo que Él ha dicho acerca de sí mismo y teniendo la valentía de acercarnos osadamente al trono de la gracia que escondiéndonos en una humildad demasiado consciente de sí misma entre los árboles del huerto.

El amor es también una identificación emocional. No considera suyo nada, sino que se lo da todo gratuitamente al objeto de su afecto. Vemos esto constantemente en nuestro mundo de seres humanos. Una madre joven, delgada y agotada, alimenta con sus pechos a un infante sano y rozagante, y lejos de quejarse, contempla a su niño con ojos resplande-cientes de felicidad y satisfacción. Los actos de sacrificio personal son algo corriente en el amor. Cristo dijo acerca de sí mismo: "Nadie tiene mayor amor que éste, que uno ponga su vida por sus amigos."

Es una extraña y hermosa excentricidad por parte del Dios que es libre el que haya permitido que su corazón se identifique emocionalmen-te con los seres humanos. A pesar de que Él se basta a sí mismo, quiere nuestro amor y no se sentirá satisfecho hasta conseguirlo. Libre como es, ha dejado que su corazón se ate a nosotros para siempre. "En esto consiste el amor: no en que nosotros hayamos amado a Dios, sino en que él nos amó a nosotros, y envió a su Hijo en propiciación por nuestros pecados."

"Porque Aquél que está por encima de todos ama tan especialmente a nuestra alma", dice Juliana de Norwich, "que ese amor sobrepasa el conocimiento de todas las criaturas; es decir, que no se ha hecho criatura alguna que pueda saber cuánto, y cuán dulcemente, y cuán tiernamente nos ama nuestro Hacedor. Y por consiguiente, nosotros podemos, con su gracia y ayuda, permanecer en contemplación espiritual, maravillándo-nos eternamente de este Amor exaltado, sobreabundante e incalculable que el Dios Todopoderoso nos ha tenido en su bondad."[1]

---

1 Juliana de Norwich, *op. cit.*, p. 58.

Otra característica del amor es que se complace en su objeto. Dios disfruta de su creación. El apóstol Juan dice con toda franqueza que el propósito de Dios al crear fue su propia complacencia. Dios está feliz en su amor por todo cuanto Él ha hecho.

No podemos dejar de notar el sentimiento de complacencia que se palpa en las regocijadas referencias que hace Dios a la obra de sus manos. El Salmo 104 es un poema sobre la naturaleza, hecho por inspiración divina, casi rapsódico en su felicidad, y a lo largo de todo él se siente la complacencia de Dios. "Sea la gloria de Jehová para siempre; alégrese Jehová en sus obras."

El Señor se complace de manera especial en sus santos. Muchos piensan que Dios está tan lejano, tiene un humor tan sombrío y está tan grandemente disgustado con todo, que mira hacia abajo con un estado de ánimo de continua apatía a un mundo en el que hace mucho tiempo que perdió su interés; pero esto es pensar equivocadamente. Dios odia el pecado, y nunca podrá mirar la iniquidad con agrado, pero donde los hombres tratan de cumplir su voluntad, Él responde con un afecto genuino.

Cristo, en su expiación, quitó de en medio cuanto impedía la comunión con Dios. Ahora, en Cristo todas las almas creyentes son objeto del deleite divino. "Jehová está en medio de ti, poderoso, él salvará; se gozará sobre ti con alegría, callará de amor, se regocijará sobre ti con cánticos."

Según el libro de Job, la obra creadora de Dios fue hecha con acompañamiento musical. "¿Dónde estabas tú", dice Dios, "cuando yo fundaba la tierra . . . cuando alababan todas las estrellas del alba, y se regocijaban todos los hijos de Dios?" John Dryden lleva esta idea un poco más lejos aún, aunque quizá no demasiado lejos de la verdad:

Desde la armonía, desde la armonía celestial, comenzó el marco de este universo: cuando la naturaleza yacía debajo de un montón de átomos en desconcierto, y no podía levantar la cabeza, se oyó de lo alto la melodiosa voz: "¡Levántate, tú que estás más que muerta!" Entonces, el frío y el calor, la humedad y la sequedad, saltaron por orden a sus estaciones, y obedecieron al poder de la Música. Desde la armonía, desde la armonía celestial, comenzó el marco de este universo; desde la armonía, y hacia la armonía, recorrió todo el compás de las notas, hasta que el diapasón resonó con máxima intensidad en el Hombre.

Tomado de "A Song for St. Cecilia's Day" [Un canto para el día de Santa Cecilia]

La música es a un tiempo una expresión y una fuente de placer, y el placer que es más puro y cercano a Dios es el placer del amor. El infierno es un lugar donde no hay placer, porque no hay amor en él. El cielo está lleno de música, porque es el lugar donde abundan los placeres del amor santo. La tierra es el lugar donde los placeres del amor están mezclados con el dolor, porque aquí hay pecado, y odio, y mala voluntad. En un mundo como el nuestro, a veces el amor tiene que sufrir, como sufrió Cristo al entregarse por los suyos. Sin embargo, tenemos la promesa cierta de que las causas de la angustia terminarán por ser abolidas, y la nueva raza disfrutará para siempre de un mundo de amor perfecto y desprendido.

Forma parte de la naturaleza del amor el que no pueda quedarse tranquilo. Es activo, creador y benigno. "Dios muestra su amor para con nosotros, en que siendo aún pecadores, Cristo murió por nosotros." "De tal manera amó Dios al mundo, que ha dado a su Hijo unigénito." Así debe ser donde hay amor; el amor siempre les tiene que dar a los suyos, cualquiera que sea el precio. Los apóstoles reprendían fuertemente a las iglesias jóvenes porque unos pocos de entre sus miembros se habían olvidado de esto y habían permitido que su amor se gastase en el disfrute personal, mientras que sus hermanos estaban en necesidad. "Pero el que tiene bienes de este mundo y ve a su hermano tener necesidad, y cierra contra él su corazón, ¿cómo mora el amor de Dios en él?" Así escribió Juan, el que ha sido conocido a lo largo de los siglos como "el discípulo amado".

El amor de Dios es una de las grandes realidades del universo; un pilar sobre el que descansa la esperanza del mundo. Con todo, también es algo personal e íntimo. Dios no ama a los pueblos, sino a las personas. Él no ama a las masas, sino a los seres humanos. Él nos ama a todos con un amor poderoso que no ha tenido principio, y que no podrá tener fin.

En la experiencia del cristianismo hay un contenido de amor altamente satisfactorio que lo distingue de todas las otras religiones y lo eleva a alturas muy por encima incluso de la filosofía más pura y noble. Este contenido de amor es más que una cosa: es Dios mismo en medio de su Iglesia, cantando sobre su pueblo. El verdadero gozo cristiano es la armoniosa respuesta del corazón al cántico de amor que entona el Señor.

Tú, escondido amor de Dios, cuyo peso, cuya profundidad insondable, ningún hombre conoce; distingo desde lejos tu beatífica luz, y dentro de mí suspiro por tu reposo; mi corazón siente dolor, y no podrá tener descanso, hasta que halle su descanso en ti.

Gerhard Tersteegen

Capítulo 21

Dios es santo

Gloria a Dios en las alturas. Te alabamos, te bendecimos, te adoramos por tu inmensa gloria. Señor, he expresado lo que no he entendido; cosas demasiado maravillosas para mí, que desconocía. He escuchado sobre ti con mis oídos, pero ahora mis ojos te ven, y me aborrezco a mí mismo en medio del polvo y las cenizas. Señor, me voy a tapar la boca con la mano. He hablado una vez; sí, he hablado dos, pero no seguiré adelante.

Pero mientras estaba meditando, ardió el fuego. Señor, tengo que hablar de ti, no sea que con mi silencio peque contra la generación de tus hijos. He aquí que tú has escogido las cosas necias del mundo para confundir a los sabios, y las cosas débiles del mundo para confundir a los poderosos. Señor, no me abandones. Deja que les muestre tu fortaleza a esta generación y tu poder a todos los que han de venir. Levanta en tu Iglesia profetas y videntes que magnifiquen tu gloria, y que por medio de tu Espíritu todopoderoso, restauren en tu pueblo el conocimiento del Dios santo. *Amén.*

La sacudida moral que sufrimos por causa de nuestro fuerte rompimiento con la exaltada voluntad de los cielos nos ha dejado a todos con un trauma permanente que afecta a todas las partes de nuestra naturaleza. Hay enfermedad, tanto en nosotros mismos, como en nuestro ambiente.

La comprensión repentina de su propia depravación moral cayó como un rayo del cielo sobre el tembloroso corazón de Isaías en el momento en que tuvo su revolucionaria visión de la santidad de Dios. Su angustioso grito, "¡Ay de mí! que soy muerto; porque siendo hombre inmundo de labios, y habitando en medio de pueblo que tiene labios inmundos, han visto mis ojos al Rey, Jehová de los ejércitos", expresa el sentimiento de todo hombre que se ha descubierto a sí mismo debajo de sus disfraces, y ha sido enfrentado con una visión interna de la santa albura que es Dios. Una experiencia así no puede dejar de ser emocionalmente violenta.

Mientras no nos hayamos visto tal como nos ve Dios, no es probable que nos sintamos muy perturbados por las condiciones que nos rodean, con tal que no se nos vayan tanto de la mano, que amenacen nuestra cómoda manera de vivir. Hemos aprendido a convivir con la falta de santidad, y hemos llegado a mirarla como la cosa más natural y esperada. No nos desilusiona el no encontrar toda la verdad en nuestros maestros, o la fidelidad en nuestros políticos, o la honradez total en nuestros mercaderes, o la fidelidad plena en nuestros amigos. Para poder seguir existiendo, hacemos cuantas leyes sean necesarias para protegernos de los demás hombres, y dejamos que las cosas sigan adelante.

Ni el que escribe estas palabras, ni el que las lee, están calificados para valorar la santidad de Dios. Es un canal realmente nuevo el que hay que abrir en medio del desierto de nuestra mente para permitir que fluyan hacia ella las dulces aguas de la verdad y sanen nuestra gran enfermedad. No podemos captar el verdadero significado de la santidad divina a base de pensar en alguien o algo muy puro, y después elevar el concepto al grado más alto del que somos capaces. La santidad de Dios no consiste solamente en lo mejor que conocemos, mejorado al infinito. Nosotros no conocemos nada semejante a la santidad divina. Ésta permanece aparte, exclusiva, inabordable, incomprensible e inalcanzable. El hombre natural está ciego con respecto a ella. Aunque tema el poder de Dios y admire su sabiduría, no se puede imaginar siquiera su santidad.

Sólo el Espíritu del Santo le puede impartir al espíritu humano el conocimiento del Dios santo. Con todo, así como el fluido eléctrico sólo se mueve a través de un conductor, también el Espíritu se mueve a través de la verdad, y debe hallar cierta medida de verdad en la mente antes de poder iluminar al corazón. La fe despierta al oír la voz de la verdad, pero no responde a ningún otro sonido. "Así que la fe es por el oír, y el oír, por la palabra de Dios." El conocimiento teológico es el medio a través del cual el Espíritu penetra en el corazón humano, pero tiene que haber humilde penitencia en el corazón antes que la verdad pueda producir fe. El Espíritu de Dios es el Espíritu de verdad. Es posible tener alguna verdad en la mente sin tener al Espíritu en el corazón, pero nunca es posible tener al Espíritu sin tener la verdad.

En su profundo estudio sobre el Santo, Rudolf Otto defiende fuertemente la presencia en la mente humana de algo que él llama lo "numinoso", palabra con la cual, al parecer, designa un sentido de que hay en el mundo un Algo vago e incomprensible, el *Mysterium Tremendum*, el

Misterio terrible, que rodea y envuelve al universo. Es un Ello, una Cosa asombrosa, y nunca se le puede concebir intelectualmente, sino sólo sentir y palpar en las profundidades del espíritu humano. Es un instinto religioso permanente, un buscar esa Presencia indescubrible e innombrable que "corre como el azogue por las venas de la creación" y algunas veces aturde la mente al enfrentarla con una manifestación sobrenatural y suprarracional de sí mismo. El hombre que es confrontado así queda derrumbado y desbordado, y sólo puede temblar y quedar en silencio.

Este temor irracional, esta sensación de que existe en el mundo un Misterio increado, se halla en el fondo de toda religión. La religión pura de la Biblia, no menos que el más bajo animismo del desnudo hombre tribal, sólo existe porque este instinto básico está presente en la naturaleza humana. Por supuesto, la diferencia entre la religión de un Isaías o de un Pablo y la de un animista es que la una tiene la verdad, mientras que la otra no; él sólo tiene ese instinto "numinoso". Está "palpando a ciegas" en busca de un Dios desconocido, mientras que un Isaías y un Pablo han hallado al Dios verdadero por medio de la revelación que Éste ha hecho de sí en las Escrituras inspiradas.

La búsqueda del misterio, incluso del Gran Misterio, es fundamental en la naturaleza humana, e indispensable para la fe religiosa, pero no es suficiente. Por causa de ella, los hombres podrán susurrar: "Esa Cosa terrible", pero no pueden clamar: "¡Santo mío!" En las Escrituras hebreas y cristianas, Dios lleva adelante su autorrevelación y le da personalidad y contenido moral. En ellas se muestra que esta abrumadora Presencia no es una Cosa, sino un Ser moral, con todas las cálidas cualidades de la personalidad genuina. Más que esto, Él es la quintaesencia absoluta de la perfección moral, infinitamente perfecto en su justicia, pureza, rectitud e incomprensible santidad. Y en todo esto, Él es increado, autosuficiente, y se halla fuera del poder del pensamiento humano para concebirlo o del habla humana para expresarlo.

A través de la autorrevelación de Dios en las Escrituras, y de la iluminación del Espíritu Santo, el cristiano lo gana todo y no pierde nada. A su idea de Dios se unen los conceptos gemelos de personalidad y de carácter moral, pero permanece la sensación original de asombro y temor en la presencia del Misterio que llena todo el mundo. Hoy, su corazón puede saltar con el alegre grito de "¡Abbá, Padre, mi Señor y mi Dios!" Mañana, puede arrodillarse con tembloroso deleite a admirar y adorar al Alto y Sublime que habita en la eternidad.

Santo es la forma en que Dios es. Para ser santo, Él no se conforma a unas normas. Él mismo es la norma. Él es el absolutamente santo, con una plenitud incomprensible e infinita de pureza que es incapaz de ser distinta a como es. Porque Él es santo, sus atributos son santos; es decir, que cuanto pensemos como perteneciente a Dios, debemos pensarlo como santo.

Dios es santo, y ha hecho de la santidad la condición moral necesaria para la salud de su universo. La presencia temporal del pecado en el mundo sólo sirve para acentuar esto. Cuanto sea santo, es sano; el mal es una enfermedad moral que debe terminar finalmente en la muerte.

Puesto que la primera preocupación de Dios con respecto a su universo es su salud moral, esto es, su santidad, todo cuanto sea contrario a ella se halla obligatoriamente bajo su eterno desagrado. Para conservar a su creación, Dios debe destruir todo cuanto quiera destruirla. Cuando se levanta a destruir la iniquidad y salvar al mundo de un colapso moral irreparable, se dice que está airado. Todo juicio de ira en la historia del mundo ha sido un acto santo de conservación. La santidad de Dios, la ira de Dios y la salud de la creación están unidas de manera inseparable. La ira de Dios es su intolerancia absoluta ante todo cuanto degrade o destruya. Él odia la iniquidad, como una madre odia la poliomielitis que le arrebata la vida de su hijo.

Dios es santo con una santidad absoluta que no conoce grados, y esto no se lo puede impartir a sus criaturas. En cambio, hay una santidad relativa y contingente que comparte con los ángeles y los serafines del cielo, y con los hombres redimidos de la tierra, como forma de prepararlos para el cielo. Esta santidad Dios se la puede impartir a sus hijos, y así lo hace. La comparte con ellos por atribución y por impartición, y porque la ha puesto a disposición de ellos por medio de la sangre del Cordero, se la puede exigir. Él le habló primero a Israel y después a la Iglesia, diciendo: "Seréis santos, porque yo soy santo." No les dijo: "Sed tan santos como yo lo soy", porque eso habría sido exigir de nosotros una santidad absoluta, algo que le pertenece sólo a Él. Ante el fuego increado de la santidad de Dios, los ángeles se cubren el rostro. Sí, los cielos no son limpios, ni las estrellas puras ante su presencia. Ningún hombre sincero puede decir: "Yo soy santo", pero tampoco está dispuesto ningún hombre sincero a pasar por alto las solemnes palabras del autor inspirado: "Seguid la paz con todos, y la santidad, sin la cual nadie verá al Señor."

Atrapados en este dilema, ¿qué hemos de hacer los cristianos? Debemos cubrirnos como Moisés de fe y humildad mientras lanzamos una rápida mirada al Dios al que ningún hombre puede ver y seguir vivo. Él no despreciará el corazón contrito y humillado. Debemos esconder nuestra falta de santidad en las heridas de Cristo, tal como Moisés se escondió en el hueco de la roca mientras pasaba junto a él la gloria de Dios. Debemos tomar refugio de Dios en Dios mismo. Sobre todo, debemos creer que Dios nos ve perfectos en su Hijo, al mismo tiempo que nos disciplina, castiga y purifica para que podamos ser partícipes de su santidad.

A base de fe y obediencia, de una meditación constante sobre la santidad de Dios, del amor a la justicia y el odio a la iniquidad, de una familiaridad creciente con el Espíritu de santidad, nos podemos aclimatar a la comunión de los santos en la tierra y prepararnos a la vida eterna en compañía de Dios y de los santos en lo alto. Así, como dicen cuando se reúnen los creyentes humildes, tendremos un cielo donde ir para vivir en el cielo.

> Cuán temibles son tus años eternos, oh Señor eterno, adorado día y noche por espíritus postrados ante ti. Qué hermoso, qué hermoso debe ser el verte, y ver tu sabiduría sin fin, tu poder sin límites y tu grandiosa pureza. Cuánto te temo, Dios viviente, con el temor más profundo y tierno, y te adoro con temblorosa esperanza y lágrimas de arrepentimiento.

> *Frederick W. Faber*

Capítulo 22

Dios es soberano

¿Quién no te habría de temer, Señor Dios de los ejércitos, altísimo y muy terrible? Porque sólo tú eres Señor. Tú has hecho el cielo, y el cielo de los cielos, la tierra y cuanto hay en ella, y en tu mano está el alma de toda cosa viviente. Tú te sientas como rey sobre el diluvio; sí, tú te sientas como rey para siempre. Tú eres un gran rey sobre toda la tierra. Tú estás vestido de fortaleza; el honor y la majestad se hallan ante ti. *Amén.*

La soberanía de Dios es el atributo por el cual Él gobierna toda su creación, y para ser soberano, Dios debe ser omnisciente, todopoderoso y absolutamente libre. Éstas son las razones:

Si hubiera al menos un solo dato de conocimiento desconocido para Dios, por pequeño que fuera, su dominio quedaría quebrantado en ese punto. Para que Él sea Señor sobre toda la creación, es necesario que posea todo el conocimiento. Y si a Dios le faltase una cantidad infinitamente pequeña de poder, esa falta terminaría su reino y acabaría con su reinado; ese único átomo descarriado de poder le pertenecería a otro, y Dios sería un gobernante limitado, por lo que no sería el soberano.

Además de esto, su soberanía requiere que sea absolutamente libre, lo cual significa sencillamente que debe ser libre para hacer cuanto decida hacer en cualquier lugar y en cualquier momento, con el fin de llevar adelante sus propósitos eternos en todos sus detalles, y sin interferencias. Si fuera menos que libre, sería menos que soberano.

Captar la idea de una libertad sin calificativos es algo que exige un vigoroso esfuerzo de parte de la mente. No estamos psicológicamente condicionados para comprender la libertad, más que en sus formas imperfectas. Nuestros conceptos sobre ella han tomado forma en un mundo donde no existe la libertad absoluta. Aquí, cada uno de los objetos naturales depende de muchos otros objetos, y esa dependencia limita su libertad.

Wordsworth, al comienzo de su "Prelude" ("Preludio"), se regocijaba de haber escapado de la ciudad donde había estado reprimido por tanto tiempo, y ser "ahora libre, libre como un ave para establecerse donde quisiese". Sin embargo, ser libre como un ave es no tener libertad alguna. El naturalista sabe que esa ave supuestamente libre vive en realidad todo el tiempo en una jaula hecha de temores, hambres e instintos; la limitan las condiciones del tiempo, la variación de la presión en el aire, las cantidades de alimento que hay donde vive, los animales de presa, y esa atadura que es la más extraña de todas, el irresistible impulso a quedarse dentro de la pequeña parcela de tierra y aire que se le ha asignado por cortesía del mundo de las aves. El ave más libre está, junto con todas las demás cosas creadas, sometida a limitaciones constantes por una red de necesidades. Sólo Dios es libre.

Se dice de Dios que es absolutamente libre, porque nada ni nadie le puede estorbar, obligar o detener. Él puede hacer cuanto quiere en todas las ocasiones y los lugares, y para siempre. El que sea libre de esa manera significa también que debe poseer autoridad universal. Que Él tiene poder ilimitado, lo sabemos gracias a las Escrituras, y lo podemos deducir a partir de otros atributos suyos. Sin embargo, ¿qué decir de su autoridad?

Aun el hecho de discutir sobre la autoridad del Dios Todopoderoso parece un poco carente de sentido, y ponerla en duda sería algo absurdo. ¿Nos podemos imaginar al Dios Señor de los ejércitos teniendo que pedir permiso a alguien o solicitar algo de un organismo superior? ¿A quién tendría Dios que acudir para pedir un permiso? ¿Quién es más alto que el Altísimo? ¿Quién más poderoso que el Omnipotente? ¿Quién tiene una posición anterior en el tiempo a la del Eterno? ¿Ante el trono de quién se tendría que arrodillar Dios? ¿Dónde está ese ser mayor al cual Él tendría que apelar? "Así dice Jehová Rey de Israel, y su Redentor, Jehová de los ejércitos: Yo soy el primero, y yo soy el postrero, y fuera de mí no hay Dios."

La soberanía de Dios es una realidad claramente presentada en las Escrituras, y declarada en voz alta por la lógica de la verdad. Con todo, admitimos que hace surgir ciertos problemas que hasta estos momentos no han sido resueltos de manera satisfactoria. Hay dos que son los más importantes.

El primero es la presencia en la creación de aquellas cosas que Dios no puede aprobar, como el mal, el dolor y la muerte. Si Dios es soberano, Él habría podido evitar que llegasen a existir. ¿Por qué no lo hizo?

El *Zend-Avesta,* libro sagrado del zoroastrismo, la más elevada de las grandes religiones no bíblicas, resolvió esta dificultad con bastante limpieza, a base de postular un dualismo teológico. Habría dos dioses, Ormuz y Ahrimán, y entre ellos dos habrían creado el mundo. Ormuz, el dios bueno, habría hecho todas las cosas buenas, y Ahrimán, el malo, habría hecho el resto. Era un esquema muy sencillo. Ormuz no tenía soberanía alguna de qué preocuparse, y era evidente que no le importaba compartir con otro sus prerrogativas.

Esta explicación no sirve para el cristiano, porque contradice abiertamente la verdad enseñada con tanta insistencia a lo largo de toda la Biblia de que sólo hay un Dios, y de que fue Él solo quien creó el cielo, la tierra y todo cuanto contienen. Los atributos de Dios son tales que hacen imposible la existencia de otro Dios. El cristiano admite que no tiene la respuesta final al acertijo del mal permitido, pero sí sabe lo que no puede ser esa respuesta. Y sabe que el *Zend-Avesta* no la tiene tampoco.

Aunque se nos escape una explicación completa sobre el origen del pecado, sí hay unas cuantas cosas que conocemos. En su soberana sabiduría, Dios ha permitido que exista el mal en zonas cuidadosamente restringidas de su creación, como una especie de criminal fugitivo cuyas actividades son temporales y limitadas en su alcance. Al hacer esto, Dios ha actuado de acuerdo con su sabiduría y bondad infinitas. Más allá de eso, nadie sabe nada en el presente, y más allá de eso, nadie necesita saber nada. El nombre de Dios es garantía suficiente de perfección para sus obras.

Otro problema real creado por la doctrina de la soberanía divina tiene que ver con la voluntad del hombre. Si Dios gobierna su universo por medio de sus decretos soberanos, ¿cómo es posible que el hombre ejerza el libre albedrío? Y si éste no puede ejercer el libre albedrío, ¿cómo se le puede hacer responsable de su conducta? ¿Acaso no es más que una simple marioneta cuyas acciones son decididas por un Dios que se halla detrás del escenario y tira de las cuerdas según le place?

El intento por responder a estas preguntas ha dividido claramente a la Iglesia cristiana en dos campos que han llevado los nombres de dos teólogos distinguidos: Jacobo Arminio y Juan Calvino. La mayoría de los cristianos se limitan a identificarse con un campo o con el otro, y negar la soberanía de Dios, o el libre albedrío del hombre. Sin embargo, parece posible reconciliar estas dos posiciones sin hacer violencia a ninguna de ellas, aunque el esfuerzo que sigue demuestre ser deficiente para los partidarios de un bando o del otro.

He aquí lo que pienso: Dios decretó soberanamente que el hombre sería libre para tomar decisiones morales, y el hombre ha cumplido con ese decreto desde el principio a base de escoger entre el bien y el mal. Cuando decide hacer el mal, no por eso contrarresta la voluntad soberana de Dios, sino que la cumple, puesto que el decreto eterno no decidió qué escogería el hombre, sino que sería libre para escoger. Si Dios, en su libertad absoluta, ha decidido otorgarle al hombre una libertad limitada, ¿quién podrá detener su mano, o decirle: "¿Qué haces?" La voluntad del hombre es libre porque Dios es soberano. Un Dios menos que soberano no les habría podido otorgar la libertad moral a sus criaturas. Habría sentido miedo de hacerlo.

Quizá un ejemplo casero nos ayude a comprender. Un transatlántico sale de Nueva York con rumbo a Liverpool. Su puerto de destino ha sido decidido por las autoridades correspondientes. Nada lo puede cambiar. Esto sería al menos una pálida imagen de la soberanía.

A bordo del transatlántico hay varias veintenas de pasajeros. Éstos no se hallan encadenados, ni sus actividades les han sido determinadas a base de decretos. Están totalmente libres para moverse por el barco a su antojo. Comen, duermen, juegan, pasean por la cubierta, leen, hablan, y todo como ellos deseen hacerlo; pero todo el tiempo, el gran transatlántico los va llevando continuamente hacia el puerto decidido con anterioridad.

Tanto la libertad como la soberanía se hallan presentes aquí, y no se contradicen entre sí. Así sucede, según creo, con la libertad del hombre y la soberanía de Dios. El poderoso transatlántico de los designios soberanos de Dios se mantiene firme en su curso sobre el mar de la historia. Dios se mueve, sin que nada lo perturbe ni retenga, hacia el cumplimiento de esos propósitos eternos que tomó en Cristo Jesús antes que comenzase el mundo. Nosotros desconocemos todo lo que comprenden estos propósitos, pero se nos ha revelado lo suficiente para proporcionarnos una amplia gama de cosas que puedan venir a darnos una buena esperanza y una firme seguridad sobre nuestro bienestar futuro.

Sabemos que Dios va a cumplir todas las promesas que les hizo a los profetas; sabemos que un día los pecadores serán barridos de la tierra; sabemos que la compañía de los redimidos entrará en el gozo de Dios, y que los justos brillarán en el reino de su Padre; sabemos que las perfecciones de Dios recibirán por fin una aclamación universal, que todas las inteligencias creadas tendrán por Señor a Jesucristo, para la gloria de Dios Padre, que el imperfecto orden presente será quitado, y que serán establecidos un cielo nuevo y una tierra nueva para siempre. Dios se está moviendo hacia todo esto con sabiduría infinita y precisión de acción perfecta. Nadie lo puede convencer de que no realice sus propósitos; nada lo puede apartar de sus planes. Puesto que Él es omnisciente, no puede haber circunstancias imprevistas ni accidentes. Al ser Él soberano, no puede haber contravención de órdenes, ni quebrantamiento de autoridad, y al ser Él omnipotente, no puede carecer del poder necesario para lograr lo que Él se haya propuesto. Dios se basta a sí mismo para todo esto. Mientras tanto, las cosas no marchan tan serenamente como lo podría sugerir este rápido esquema. Es cierto que el misterio de iniquidad se encuentra ya en acción. Dentro del amplio campo de la voluntad soberana y permisiva de Dios, el conflicto mortal entre el bien y la maldad continúa con furia creciente. Aun así, Dios hará las cosas a su manera, en medio del torbellino y de la tormenta, pero la tormenta y el torbellino siguen estando presentes, y como seres responsables que somos, debemos tomar nuestra decisión en la situación moral presente.

Hay ciertas cosas que han sido decretadas por libre decisión de Dios, y una de ellas es la ley de la decisión y las consecuencias. Dios ha decretado que todo aquél que se entregue voluntariamente a su Hijo Jesucristo en la obediencia de la fe, recibirá vida eterna y se convertirá en hijo de Dios. También ha decretado que todos los que amen las tinieblas, y sigan en estado de rebeldía contra la autoridad suprema de los cielos, permanecerán en un estado de alejamiento espiritual, y terminarán por sufrir la muerte eterna.

Si reducimos toda esta cuestión a términos individuales, llegaremos a unas cuantas conclusiones vitales y altamente personales. En el conflicto moral que ruge actualmente alrededor de nosotros, todo aquél que esté del lado de Dios está en el bando vencedor, y no puede perder; todo aquél que esté del otro lado se halla en el bando perdedor y no puede ganar. No hay casualidad, ni albur. Tenemos libertad para escoger el campo en el que estaremos, pero no tenemos libertad para negociar los resultados de la decisión, una vez tomada. Por la misericordia de Dios, nos podemos arrepentir de una decisión incorrecta y alterar las consecuencias tomando una nueva decisión, esta vez correcta. Más allá, no podemos ir.

Toda la cuestión de la decisión moral se centra en Jesucristo. Él lo proclamó llanamente: "El que no es conmigo, contra mí es." "Nadie viene al Padre, sino por mí." El mensaje del evangelio comprende tres elementos diferentes: un anuncio, un mandato y un llamado. Anuncia la buena nueva de la redención realizada por misericordia, manda que todos los hombres en todas partes se arrepientan y llama a todos los hombres a rendirse a las condiciones de la gracia, creyendo en que Jesucristo es su Señor y Salvador.

Todos debemos escoger entre obedecer al evangelio o alejarnos de él en incredulidad y rechazar su autoridad. Nuestra decisión es sólo nuestra, pero las consecuencias de esa decisión ya han sido decididas por la voluntad soberana de Dios, y ante ella no hay apelación posible.

El Señor descendió de lo alto, e inclinó los altísimos
cielos, y bajo sus pies lanzó las tinieblas del firmamento.
Sobre querubines y serafines montó como rey, y en las alas
de poderosos vientos vino volando hasta tierras extrañas. Se
sentó sereno sobre los diluvios, para contener su furia, y Él
como soberano Señor y Rey, por siempre y para siempre
reinará.

Paráfrasis de un salmo,
por Thomas Sternhold

Capítulo 23

Un secreto manifiesto

Contemplada desde la perspectiva de la eternidad, es muy posible que la necesidad más crítica de esta hora sea traer de vuelta a la Iglesia desde su larga cautividad babilónica, y que el nombre de Dios sea glorificado en ella de nuevo como en la antigüedad. Con todo, no debemos pensar en la Iglesia como un cuerpo anónimo, una abstracción religiosa mística. Los cristianos somos la Iglesia, y cuanto nosotros hagamos, es lo que la Iglesia está haciendo. Por tanto, este asunto se vuelve personal para todos y cada uno de nosotros. Todo paso al frente en la Iglesia debe comenzar por el cristiano, de manera individual.

¿Qué podemos hacer nosotros, simples cristianos, para lograr que regrese la gloria que se ha marchado? ¿Hay algún secreto que debamos aprender? ¿Hay alguna fórmula para el avivamiento personal que podamos aplicar a la situación presente, a nuestra propia situación? La respuesta a estas preguntas es un rotundo *sí*.

Con todo, es posible que la respuesta desilusione con facilidad a algunas personas, puesto que no tiene nada de profunda. No traigo aquí ningún criptograma esotérico, ni un código místico que necesite ser trabajosamente descifrado. No apelo a ninguna escondida ley del inconsciente, ni a ningún conocimiento oculto, al alcance sólo de unos pocos. El secreto es abierto, para que cualquier viandante lo pueda leer. Es simplemente el consejo antiguo y siempre nuevo: *Conoce a tu Dios*. Para recuperar su poder perdido, la Iglesia debe ver los cielos abiertos y tener una visión transformadora de Dios.

No obstante, el Dios que debemos ver no es el Dios utilitario que está teniendo una racha tan grande de popularidad hoy, cuyo principal atractivo para captar la atención de los hombres es su capacidad para traerles el éxito en sus diversas empresas, y a quien por esa razón lisonjean y adulan cuantos quieren obtener un favor. El Dios que debemos aprender a conocer es la Majestad que se halla en los cielos, el Dios Padre Todopoderoso, el Hacedor del cielo y de la tierra, el Dios sabio y único Salvador. Es el que se sienta sobre el círculo de la tierra, el que extiende los cielos como una cortina y los esparce como una tienda para habitar en ellos, el que conoce el número de las estrellas y las llama por su nombre por medio de la grandeza de su poder, el que ve las obras del hombre como vanidad, el que no pone su confianza en los príncipes ni les pide consejo a los reyes.

No se puede obtener el conocimiento de este Ser sólo por medio del estudio. Ese conocimiento nos viene por una sabiduría de la que el hombre natural no conoce nada, ni puede conocer nada, porque se discierne espiritualmente. Conocer a Dios es a un tiempo lo más fácil y lo más difícil del mundo. Es fácil, porque no se gana ese conocimiento a base de duro trabajo mental, sino que es algo que recibimos gratuitamente. Así como los rayos del sol caen gratuitamente sobre un campo abierto, también el conocimiento del Dios santo es un don gratuito para los hombres que estén abiertos a recibirlo. Con todo, este conocimiento es difícil porque hay unas condiciones que cumplir, y la obstinada naturaleza del hombre caído no se siente nada bien con ellas.

Voy a presentar un breve resumen de estas condiciones, tal y como las enseña la Biblia, y las han repetido a lo largo de los siglos los mayores y más bondadosos santos que el mundo ha conocido:

En primer lugar, tenemos que abandonar nuestros pecados. La creencia de que los hombres que llevan una vida confirmadamente mala no pueden llegar a conocer al Dios santo no es algo nuevo, propio de la religión cristiana. El libro hebreo llamado *La sabiduría de Salomón*, anterior al cristianismo en un buen número de años, presenta el siguiente pasaje: "Amad la justicia los que gobernáis la tierra; pensad rectamente del Señor y buscadle con sencillez de corazón. Porque se deja hallar de los que no le tientan, se manifiesta a los que no le son incrédulos. Los pensamientos tortuosos apartan de Dios, y el poder, puesto a prueba, reprende a los necios. Porque en alma maliciosa no entrará la sabiduría, ni morará en cuerpo esclavo del pecado; porque el santo espíritu de la disciplina huye del engaño y se aleja de los pensamientos insensatos, y al sobrevenir la iniquidad no permanecerá." Encontramos este mismo pensamiento a lo largo de las Escrituras inspiradas, la mejor de las cuales probablemente sea la pronunciada por Cristo: "Bienaventurados los de limpio corazón, porque ellos verán a Dios".

En segundo lugar, debe haber una consagración total de la vida a Cristo en fe. Esto es lo que significa "creer en Cristo". Comprende un apego volitivo y emocional a Él, acompañado por un firme propósito de obedecerle en todas las cosas. Esto exige que guardemos sus mandamientos, llevemos nuestra cruz, y amemos a Dios y a los demás seres humanos.

En tercer lugar, debe haber por parte nuestra el reconocimiento de que hemos muerto al pecado y vivimos para Dios en Cristo Jesús, seguido por un abrir totalmente de nuestra personalidad al fluir del Espíritu Santo. Entonces, debemos practicar la autodisciplina que sea necesaria para andar en el Espíritu, y aplastar bajo nuestros pies los apetitos de la carne.

En cuarto lugar, debemos repudiar valientemente los mezquinos valores del mundo caído, y llegar a un desapego total del espíritu con respecto a todo aquello en lo que ponen el corazón los incrédulos, permitiéndonos únicamente los goces más sencillos de la naturaleza, que Dios ha concedido tanto a justos como a pecadores.

En quinto lugar, debemos practicar el arte de la meditación larga y amorosa sobre la majestad de Dios. Esto exigirá algún esfuerzo, puesto que el concepto de majestad ha desaparecido casi por completo de la raza humana. El foco del interés del hombre es ahora él mismo. El humanismo, en sus diversas formas, ha desplazado a la teología como clave para la comprensión de la vida. Cuando Swinburne, poeta del siglo diecinueve, escribió: "Gloria al Hombre en las alturas, porque el hombre es el amo de las cosas", le dio al mundo moderno su nuevo Te Deum. Debemos invertir el curso de todas estas cosas con un acto deliberado de la voluntad, y mantenerlo así con un paciente esfuerzo de la mente.

Dios es Persona, y lo podemos ir conociendo en grados crecientes de identificación íntima a medida que preparamos el corazón para las maravillas. Quizá sea necesario que alteremos nuestras creencias anteriores acerca de Dios, cuando la gloria que dora las Escrituras Sagradas resplandezca sobre nuestra vida interior. Quizá necesitemos también romper callada y benévolamente con el textualismo sin vida que prevalece entre las iglesias evangélicas, y protestar contra el carácter frívolo de muchas cosas que pasan por cristianas entre nosotros. Al hacer esto, es posible que por el momento perdamos amigos y adquiramos la reputación temporal de que somos unos mojigatos, pero ningún hombre que permita que la expectación de consecuencias desagradables influya sobre él en un asunto como éste, es digno del reino de Dios.

En sexto lugar, a medida que el conocimiento de Dios se vaya haciendo más maravilloso, se irá haciendo también imprescindible un mayor servicio a favor de los seres humanos. Este bienaventurado conocimiento no se nos da para que lo disfrutemos egoístamente. Mientras más perfectamente conozcamos a Dios, más sentiremos el anhelo de convertir el conocimiento que acabamos de encontrar en obras de misericordia hacia la humanidad sufriente. El Dios que nos lo dio todo *a nosotros*, lo seguirá dando todo *a través de nosotros* a medida que lo vayamos conociendo mejor. Hasta aquí hemos considerado la relación personal del individuo con Dios, pero como el ungüento en la derecha de un hombre, que "se traiciona a sí mismo" por su fragancia, todo conocimiento intensificado de Dios comenzará pronto a afectar a los que nos rodean en la comunidad cristiana. Y nosotros debemos buscar conscientemente las oportunidades de compartir nuestra luz creciente con los demás miembros de la casa de Dios.

La mejor manera de hacer esto será mantener la majestad de Dios en el centro mismo de nuestro foco de interés en todos nuestros cultos públicos. No sólo son nuestras oraciones privadas las que deben estar llenas de Dios, sino que también nuestro testimonio, nuestro canto, nuestra predicación y nuestros escritos deben centrarse alrededor de la Persona de nuestro santo, santo Señor, y exaltar continuamente la grandeza de su dignidad y poder. Hay un Hombre glorificado a la derecha de la Majestad en los cielos, representándonos fielmente allí. Por un tiempo, hemos sido dejados entre los hombres. Representémoslo nosotros fielmente a Él aquí.

Nos agradaría recibir noticias suyas.
Por favor, envíe sus comentarios sobre este libro
a la dirección que aparece a continuación.
Muchas gracias.

Editorial Vida
7500 NW 25 Street, Suite 239
Miami, Florida 33122

Vidapub.sales@zondervan.com
http://www.editorialvida.com